Felix Lang

Habe ich etwas falsch gemacht ...

D1665682

Felix Lang

Habe ich etwas falsch gemacht ...

Versuch einer Lebensbilanz

Projekte-
Verlag

Meinen Kindern und Enkelkindern gewidmet, zur Verständlichmachung einer Zeit, die geprägt war von großen gesellschaftlichen Umwandlungen und Ereignissen, von Kämpfen, Erfolgen und auch von Rückschlägen, welche große Teile der Welt veränderten, ihr aber nicht die von Millionen Menschen erstrebten und erhofften Zielstellungen brachten.

Stendal, im Jahre 2001

Impressum

1. Auflage
Satz und Druck: Buchfabrik JUCO GmbH • www.jucogmbh.de

© Projekte-Verlag 188, Halle 2006 • www.projekte-verlag.de
ISBN   3-86634-115-6
Preis: 12,50 EURO

Inhaltsverzeichnis

1. Vorwort

Der Autor des Buches versucht, sein über achtzig Jahre während-rendes Leben zu analysieren, welches in vier kontroversen politischen Gesellschaftssystemen verlief, wobei jedes einzelne zur Persönlichkeitsformung beitrug. In die Weimarer Republik hineingeboren, bestanden die Entwicklungsmöglichkeiten lediglich in den vagen Voraussetzungen der desolaten Nachkriegsbedingungen und ließen nur Hoffnungen auf eine veränderbare Welt zu. Sie erfuhren eine abrupte Wendung mit der Machtübernahme der Nazis 1933, die alles auf den Kopf stellte und wesentlich andere Bedingungen hervorbrachte. In den II. Weltkrieg hineingestoßen, ergab sich ein bitterer Lebensweg, welcher wiederholt am „Heldentod" vorbeischrammte, aber mit dem befriedigenden Ergebnis endete, überlebt zu haben und mit Zuversicht in eine bessere Zukunft blicken zu können. Die folgenden, über 40 Jahre waren geprägt vom Hineinwachsen, Mitgestalten und der Verteidigung der sozialistischen Gesellschaftsordnung, die allen Menschen ein lebenswertes Dasein ermöglichen sollte, mit ihrem zeitweiligen Niedergang jedoch nicht aus der Geschichte gestrichen ist, da sie in modifizierter Form wiederkehren wird. Es verbleiben die folgenschweren Jahre nach der Wende 1989, die mit der „Vereinnahmung", nicht Vereinigung der DDR, einherging und hunderttausende Menschen von ihren sozialen Ansprüchen und der Gewährung verfassungsmäßiger Grundrechte ausgrenzte. Es besteht jedoch die Gewissheit, dass nichts so bleibt, wie es ist, und die Menschheit, solange es auch noch dauern mag, mit Sicherheit ihrer endgültigen Befreiung von jeglicher Ausbeutung und Unterdrückung entgegen schreitet.

1. Vorab

Ein jeder Mensch kommt in seinem Leben einmal an den Punkt, wo er zurückblickt und sich die Frage stellt: Hast du alles erreicht, was du erreichen wolltest? Welchen Weg bist du gegangen und hast du immer alles getan, was du verantworten kannst? Die Antwort darauf ist nicht einfach zu finden, da man viele Tiefen durchschritten und Höhen erreicht hat sowie manchen Situationen gegenüber stand, deren Bewältigung zu Erfolgen führen, aber auch in Niederlagen enden konnten. Ich möchte versuchen, dies für mich selbst einzuschätzen und die darauf erforderliche Antwort zu finden.

Mein bisheriges Leben hat sich, verallgemeinert betrachtet, in vier grundsätzlich unterschiedlichen Etappen bewegt.

Die ersten 22 Jahre meines Lebens standen als Kind unter dem Zeichen der Weimarer Republik, wurden in den Jugend- und Lehrjahren von der nachfolgenden Hitlerdiktatur bestimmt und endeten schließlich mit der Teilnahme und – zum Glück – mit dem Überleben im furchtbarsten Krieg aller Zeiten, was mich schließlich zum Mann heranreifen ließ.

Dann folgten mehr als 40 Jahre, beginnend mit der schweren Nachkriegszeit, des Hungerns und der Entbehrungen, über schrittweise Verbesserungen der Lebensverhältnisse sowie des Suchens und Findens neuer Erkenntnisse für die gesellschaftliche Entwicklung und des aktiven Einsatzes zur Errichtung einer besseren Gesellschaftsordnung.

Die restlichen, mehr als zehn, Jahre meines Lebens sind gekennzeichnet von den Folgeerscheinungen der „Wende" im

Herbst 1989, der Erkenntnis einer erlittenen, nicht gewollten, Niederlage, der Wehrlosigkeit gegenüber sich ergebender Ausgrenzung sogenannter „systemnaher" Personen und den damit verbundenen verfassungswidrigen Maßnahmen gegen sie. Zusammengefasst betrachtet, hat sich mein Leben in keinen außergewöhnlichen, sondern nur in den meiner Generation eigenen Bahnen bewegt. Es war gekennzeichnet vom Sein und Werden, Bangen und Hoffen erlebter Freuden und erlittenen Leids. Es gibt jedoch keinen Grund, sich des eigenen Tun und Handelns schämen zu müssen, obwohl es, im Nachhinein betrachtet, Situationen gab, in denen ein kritischeres Herangehen geboten war. Diese Erkenntnis kommt jedoch zu spät und ist nicht korrigierbar. Was bleibt, ist Optimist zu sein und sich vorbehaltlos gegen erkennbare Geschichtsfälschungen, Diffamierungen, Lügen und willkürliche Beschuldigungen entschieden zur Wehr zu setzen, um zuversichtlich in eine bessere Zukunft blicken zu können.

2. Die Kindheit, die Jugend- und Lehrjahre, die Teilnahme am faschistischen Krieg

Ich wurde, wie man mir später sagte, an einem schönen Maiensonntag des an sich tristen Inflationsjahres 1923 als zweiter Sohn meiner Eltern in Niederplanitz, Kreis Zwickau, geboren. Sonntagskindern sagt man ja von altersher nach, dass sie immer Glück haben würden. Da ich zusätzlich den Vornamen „Felix" – „der Glückliche" – erhielt, konnte ich für meinen Lebensweg demnach das Beste erhoffen, was sich später auch in manchen Situationen zu bewahrheiten schien. Mein Vater kam um die Jahrhundertwende von Böhmen her – er war in der Nähe von Eger geboren – auf der Wanderschaft über Karlsbad, Wien und Nürnberg nach Zwickau und wurde hier sesshaft. Er war Porzellanmaler von Beruf und ein Könner seines Fachs. In seiner Jugend wurde er streng katholisch erzogen, brach, jedoch erwachsen geworden, mit diesem Glauben und wurde zum überzeugten Atheisten (Freidenker). Gleichzeitig war er bereits vor der Jahrhundertwende gewerkschaftlich organisiert und der Sozialdemokratie zugewandt.

Den I. Weltkrieg erlebte er in der österreichisch-ungarischen Armee an der serbischen Front als Heeresfunker. Von dieser Zeit sprach er später sehr selten, da ihn das Erlebte zu sehr erschüttert hatte und ihn zum überzeugten Kriegsgegner werden ließ. Deshalb setzte er sich in seiner Parteiarbeit mit aller Konsequenz gegen den Krieg ein, was sich auch in der mir angediehenen Erziehung niederschlug. Die mir damals vermittelte Maxime basierte u. a. auf der Grundlage eines Liedes der Arbeiterbewegung:

„Nie, nie woll'n wir Waffen tragen,
nie, nie woll'n wir wieder Krieg.
Lasst die Schwarz-Weiß-Roten selber
sich mal schlagen.
Wir, wir machen nicht mehr mit."

Eine Zielstellung, die später in das genaue Gegenteil umschlagen sollte.

Meine Kindheit verlief unter den damals gegebenen proletarischen Bedingungen. Vater wurde infolge der Nachkriegsverhältnisse 1924 arbeitslos und blieb es bis Mitte der Dreißiger Jahre. So war zu Hause „Schmalhans" immer Küchenmeister, denn mit zwölf Reichsmark Arbeitslosenunterstützung pro Woche konnte man keine großen Sprünge machen.

In meinem großen Bruder fand ich leider keinen engen Spielgefährten, war er doch 15 Jahre älter als ich und demzufolge anderen Interessen zugetan. Anfang der Zwanziger Jahre bereits trat er der sozialistischen Jugendbewegung bei und wurde dort aktiv tätig. Er erlernte den Beruf eines Bankkaufmanns, als welcher er bis 1935 tätig war. So wuchs ich praktisch als Einzelkind heran mit dem zeitweise verspürten Bedauern, keine etwa gleichaltrigen Geschwister zu haben.

Im Jahre 1928 verlor ich frühzeitig meine Mutter, die an einem, zu diesem Zeitpunkt, unheilbaren Krebsleiden verstarb. Dies war der erste schmerzhafte Einschnitt in meinem Leben, auf den ich sensibel reagierte. Vater heiratete ein paar Jahre später seine zweite Frau, die mir die leibliche Mutter voll und

ganz ersetzte, so dass ich nie einen spürbaren Unterschied emp-
fand. Durch die Zweitehe meines Vaters ergaben sich neue
verwandtschaftliche Beziehungen, die sich im „Hinzugewinn"
zweier Cousinen und eines Cousins, die mit mir etwa gleich-
altrig waren, niederschlugen. Dies bedeutete eine zeitweilige
Aufhellung des Tagesgeschehens, sofern man bei gelegentli-
chen Besuchen zusammenkam. Die Jüngere meiner Cousinen wurde dann Jahre später meine erste Ehefrau.
Ostern 1929 wurde ich in die achtklassige Volksschule in
Niederplanitz eingeschult. Meine schulischen Leistungen lagen während der gesamten Schulzeit im guten Durchschnitt,
so dass ich mir eine solide Grundlage für den weiteren Lebensweg erwarb. Die Schulzeit selbst unterlag in ihrem Verlauf drastischen Veränderungen, vor allem nach 1933, als die
Nazis an die Macht kamen und als „segensreiche" Neuerung
die Prügelstrafe wieder einführten. Mich betraf es selbst auch
einige Male, da unser Deutschlehrer auf den erzieherischen
Einfall kam, wenn man im Diktat einen „Faselfehler" schrieb
(z. B. Komma vergessen, u. ä.), als Strafe dafür mit dem
Rohrstock einen Hieb auf die vorgestreckte linke oder rechte
Hand erhielt. Eine weitere besondere Veränderung bestand
darin, dass der Lebenskundeunterricht für nicht kirchlich er-
zogene Kinder verboten und durch zwangsweise Teilnahme
am Religionsunterricht ersetzt wurde. Darüber hinaus wurde ab 1935 die sogenannte nationalpolitische Erziehungsar-
beit, besonders durch Filme nationalsozialistischer Prägung,
eingeführt. Ich erinnere mich noch an solche Filme wie z. B.
„Hitlerjunge Quex", „Horst Wessel", „U-9" oder an auszugs-
weise Lesungen aus Hitlers „Mein Kampf" bzw. militaristi-
scher Literatur der verschiedensten Art. Sie dienten der Er-

ziehung zum Antikommunismus, zur Hetze gegen das Judentum sowie der ideologischen Kriegsvorbereitung. Mit Hitlerzitaten wie: „Deutsche Jugend, ihr sollt flink sein wie Windhunde, zäh wie Leder und hart wie Kruppstahl," wurde dafür das erforderliche Fundament geschaffen. Die Möglichkeiten, sich dem zu entziehen, waren gering und darüber hinaus durch Androhung von Repressalien erschwert.

Dessen ungeachtet, erfuhr ich im Elternhaus eine fürsorgliche Erziehung. Von 1929–1932 gehörte ich den Sozialistischen Kinderfreunden an und erlebte dort eine sinnvolle Freizeitgestaltung, die sich in wöchentlichen Zusammenkünften bei Sport, Spiel und Wanderungen niederschlug. Dazu gehörte auch die Diskussion über das Zeitgeschehen, soweit dies dem Kinderverstand erklärbar gemacht werden konnte. Die Tagespresse war damals voll von Wahlversprechungen aller Parteien, gegenseitigen Vorwürfen und Anschuldigungen betreffs politischen Versagens sowie Anstrengungen, Wählerstimmen zu gewinnen. Ich erinnere mich noch an eine Karikatur aus der sozialdemokratischen Tagespresse, die einen Nazi in SA-Uniform darstellte. Über ihm befanden sich drei parallel zueinander laufende Pfeile – dem damaligen Parteisymbol der SPD. Die Karikatur trug die Unterschrift: „Nazi, so eile, drei Pfeile, drei Pfeile." Dies ist mir im Gedächtnis haften geblieben. Wäre es damals zu konkreten, gemeinsamen Handeln der großen Arbeiterparteien SPD und KPD gekommen, wäre dem deutschen Volk mit Sicherheit ein 30. Januar 1933, und der damit verbundenen Machtübernahme durch die Nazis erspart geblieben. Stattdessen spitzte sich die gesamtpolitische Situation in Deutschland drastisch zu. Die SPD spaltete sich in die SAP (Sozialistische

Arbeiterpartei), der auch meine Eltern und mein Bruder beitraten, da sie in der Sozialdemokratie keine politische Heimat mehr zu finden glaubten. In der Zielstellung der SAP, ihrer von der Sozialdemokratie links abgewandten Seite, jedoch antikommunistischer Prägung, sahen sie eine gangbare Lösung der zu dieser Zeit anstehenden gesellschaftlichen Probleme, was sie auch nach Außen hin kundtaten. Vater malte auf eine rote Fahne einen fünfgezackten Stern mit der Inschrift „SAP" (Symbol der Partei) und hängte diese zu besonderen Anlässen, wie z. B. zum 1. Mai, vor und an Wahltagen sowie bei Massendemonstrationen, aus dem Fenster. Die Folge war, dass stets eine große Anzahl Kinder auf der gegenüberliegenden Straßenseite standen und unaufhörlich „SAP", „SAP", „SAP" riefen, was natürlich störend wirkte, und besonders Mutter auf die Nerven ging. Ich selbst war dann auch verbalen Anfeindungen durch die Kinder ausgesetzt, was ich aber gelassen hinnahm. Der Parteihader hatte unerträgliche Ausmaße angenommen und führte in der Öffentlichkeit zu vielseitigen kontroversen Vorkommnissen. Diese zogen sich nicht selten mitten durch die Familien. Im Nachbarhaus wohnte eine Familie, deren ältester Sohn SA-Mann, also Nazi, während der Jüngere Kommunist und im Rotfrontkämpferbund organisiert war. Ihre verbalen Auseinandersetzungen trugen sie oftmals lautstark aus, so dass die Mieter bzw. am Haus vorübergehende Personen davon Kenntnis erhielten. In der Endkonsequenz sind Beide – Ironie des Schicksals – fast am gleichen Tag an der Ostfront gefallen. Was die Parteiarbeit meines Bruders anging, erinnere ich mich, dass einer der führenden Kräfte dieser Partei, Max Seidewitz, Anfang der Dreißiger Jahre einige Male bei uns zu Besuch war, wobei es sicher um Absprachen parteiinterner Fragen ging. Die SAP wurde nach der Machtübernahme durch die Nazis gleich den anderen Parteien und Gewerkschaften verboten, setzte aber ihre Tätigkeit illegal weiter fort. Mein Bruder zählte zu den aktiven Kräften und war für den Bereich Westsachsen tätig. Im Frühjahr 1935 wurde er mit noch weiteren Genossen anlässlich einer illegalen Zusammenkunft in Chemnitz verhaftet. Bei uns zu Hause erfolgte in diesem Zusammenhang eine Hausdurchsuchung durch die GESTAPO, wobei alles gründlich von unten nach oben bewegt wurde. Das Ergebnis war die Beschlagnahmung einiger Bücher und Broschüren sozialistischen Inhaltes. Was mich betroffen machte, war die Mitnahme meines Lieblingsbuches „Emil und die Detektive" von Erich Kästner, was ich gar nicht verstand.

Mein Bruder wurde danach in einem gegen ihn angestrengten Prozess mit noch anderen Genossen wegen sogenannter „Vorbereitung zum Hochverrat" zu sechs Jahren Zuchthaus verurteilt, die er bis zum letzten Tag im Zuchthaus Waldheim/ Sachsen absitzen musste. So kam es, dass wir uns sieben Jahre lang nicht wieder sahen, von zwei oder drei Haftbesuchen abgesehen, da ich vor seiner Haftentlassung bereits zum Kriegsdienst eingezogen war, was mich, bis auf jeweils 14 Tage Front- bzw. Genesungsurlaub, für mehr als vier Jahre von der Heimat fernhielt. Diese Geschehnisse führten zu grundsätzlichen Veränderungen im Elternhaus. Vater, der wegen seiner politischen Vergangenheit praktisch auf einem „Pulverfass" saß, hielt sich äußerst zurück und vermied jeden erkennbaren Kontakt nach Außen hin zu alten Gesinnungsgenossen. Obwohl er an illegaler Parteiarbeit nicht beteiligt war, stand er seitens der GESTAPO unter dem Verdacht zu konspirieren und somit unter

Beobachtung. Dies erfolgte u. a. durch einen in unserem Miethaus wohnenden Altnazi, der gleichzeitig als „Blockwart" eingesetzt war, und der diese Überwachungstätigkeit, wie es sich nach dem Krieg herausstellte, intensiv wahrnahm.

Es wäre möglich gewesen, wenn auch unter Schwierigkeiten, sich der nazistischen Beeinflussung zu entziehen. Dies stand zur Debatte, als die Nazis 1935 anordneten, dass alle Jugendlichen dem „Deutschen Jungvolk" bzw. der „Hitlerjugend" beizutreten hatten. Ein Gegen-den-Strom-Schwimmen wäre unter den gegebenen Umständen bedrohlich gewesen. Also entschieden sich meine Eltern für den Weg des geringsten Widerstandes und stimmten zu, dass ich dem „Deutschen Jungvolk" beitrat. Mit großer Begeisterung war ich wohl nicht dabei; dennoch habe ich mich den gestellten Anforderungen unterworfen und mitgemacht. An ein besonderes Vorkommnis erinnere ich mich genau. Im Verlaufe des Jahres 1936 war ich an einem Sonnabend dem angeordneten Dienst aus irgendwelchen nichtigen Gründen unentschuldigt ferngeblieben. Dies hatte zur Folge, dass ich mich beim standortältesten Jugendführer (Stammführer) melden musste. Ich bekam eine strenge, verbale Abreibung verbunden mit der Androhung, dass ich im Wiederholungsfalle mit anderen Mitteln zur Gewährleistung der Pflichterfüllung (siehe großer Bruder) rechnen müsse. Daraufhin bemühte ich mich, den gestellten Anforderungen besser nachzukommen. In den Sommerferien 1937 nahm ich an einem Sommerlager des „Deutschen Jungvolkes" in der Nähe von Ebersbach/Sachsen teil. In Zelten untergebracht, gab es den vorgesehenen Verlauf wie Geländespiele, Sport, Lagerfeuer und nationalsozialistische Schulungen.

So verliefen die Kindheitsjahre unter den damals gegebenen Verhältnissen. Da ich keine weiteren Geschwister hatte, fand ich Anschluss bei gleichaltrigen Nachbarskindern bzw. Schulkameraden. Die Freizeit verbrachten wir mit solchen für Kinder üblichen Interessen, wie Verstecken und Ball spielen, im Winter Rodeln, usw.

Im Jahre 1935 wurde in meiner Heimatstadt ein für damalige Verhältnisse großzügig angelegtes Freibad errichtet, was wir natürlich weitgehend ausnutzten. Eine enge Freundschaft verband mich mit meinem Klassenkameraden Walter L., die bis weit über die Schulzeit hinaus anhielt, dann leider infolge der Kriegsgeschehnisse, seiner langjährigen russischen Gefangenschaft und der später einsetzenden Abschottung gegen den Westen, wohin es ihn verschlagen hatte, auseinander ging.

Die vorhandenen kindlichen Freiräume wurden eingeschränkt, wenn es sich im Interesse der Familie erforderlich machte. Es ging dabei um die Erfüllung übertragener, obligatorischer Pflichten, wie z. B. Besorgungen für den Haushalt tätigen bzw. die Mutter beim Einkauf im Konsum zu begleiten sowie Kohlen (als Wintervorrat) in den Keller zu schaufeln. Weniger erfreut war ich immer am „Waschtag", musste man doch dabei zuerst den Waschkessel anheizen, danach den Schwenkhebel der Waschmaschine bewegen und letztlich die Wringmaschine bedienen. Das war Schwerstarbeit! Mit etwas mehr Initiative ging ich an die mir übertragene Aufgabe heran, meinem einige Straßenzüge weiter wohnenden Stiefgroßvater bei seiner Betreuung zu helfen. Er war Witwer und Berginvalide, da durch einen Grubenunfall hüftgeschädigt, so dass er nicht mehr außer Haus gehen konnte. Zur Belohnung brachte mir dies hin und wieder eine Reichsmark ein, die ich eisern sparte, um mir meinen lang gehegten Wunsch, den Kauf eines Fahrrades, erfüllen zu können. Als ich zwölf Reichsmark zusammen hatte, konnte ich mir dann endlich ein gebrauchtes Fahrrad anschaffen, was mich mit großer Freude erfüllte und gegenüber den Spielgefährten privilegierte, da ja nicht jeder einen solchen Besitz aufweisen konnte. Die Sommer- und Herbstferien wurden u. a. dazu genutzt, in einen wenige Kilometer entfernten Wald zu gehen, um Heidelbeeren zu pflücken bzw. Pilze zu sammeln, was letztlich dazu beitrug, die tägliche Speisekarte zu bereichern. Mutter war an den Wochenenden in einem „Tante Emma-Laden" als Reinigungskraft tätig, was uns ein paar Naturalien und ein wenig Lohn einbrachte. Dies alles trug dazu bei, über die krisenhafte Situation besser hinwegzukommen. Freude machten mir auch ein paar Hauskaninchen, die in einem Verschlag auf dem Hof untergebracht waren. Ich hatte sie zu betreuen, d. h. Grünfutter, Heu und Stroh besorgen, Stall ausmisten (Vater half dabei) und eben für ihr Wohlbefinden sorgen. Zu besonderen Anlässen, wie zur Kirmes, an Weihnachten und Neujahr, ergab sich daraus eine willkommene Bereicherung der Versorgungslage. In diesen Kinderjahren zeigten sich zeitweilig auch erfreuliche Erlebnisse. Sie bestanden u. a. in gemeinsamen sonntäglichen Spaziergängen mit den Eltern. Der Weg führte in der Regel zu einem ca. sechs Kilometer entfernten Ort namens Lichtentanne. Unterwegs hielten wir in einem Landgasthof Einkehr. Vater leistete sich meist einen „Schiböcker" (eine Platte mit verschiedenen Käsesorten, Gurke, Tomate sowie Butter und Brot), dazu gab es ein Glas Bier. Mutter nahm ein Kännchen Kaffee sowie ein Stück Kuchen oder Torte. Für mich gab es ein paar Würstchen, ein

Glas Limonade sowie einen Groschen extra, um aus einem aufgestellten Automaten ein Blechei mit Bonbons ziehen zu können. Für die damaligen Verhältnisse war das immer eine absolute Besonderheit!

Ostern 1937 wurde ich mit bestätigten guten Leistungen aus der Volksschule entlassen. Konfirmation kam für mich nicht in Frage, so dass es nur bei der obligatorischen Schulentlassungsfeier blieb und anschließend im Familienkreis gemütlich zusammen gesessen wurde. Die Geschenke bewegten sich im bescheidenen Rahmen, wurden jedoch mit großer Freude registriert, waren sie doch ein Symbol dafür, dem Erwachsenendasein ein Stück näher gekommen zu sein.

Unverrückbar bleibt mir ein Leitspruch meiner Eltern im Gedächtnis, den sie mir mit auf den Lebensweg gaben.

> „Lerne zeitig klüger sein,
> auf des Lebens goldener Waage
> schlägt das Zünglein selten ein;
> Du musst steigen oder sinken,
> leiden oder triumphieren,
> oder dienen und verlieren,
> Amboss oder Hammer sein.
>
> J. W. von Goethe

Nach der Schulentlassung war es mein Wunsch, einen technischen Beruf wie Schlosser, Dreher oder Elektriker zu erlernen, um dann später zu See fahren zu können. Indirekt ging dieser Wunsch, wenn auch unter anderen Bedingungen, wie erhofft in Erfüllung. Da ich aber vorerst keine Lehrstelle bekam und zum Ausgleich dafür ein Jahr aufs Land gehen sollte, was ich aber nicht wollte, setzte sich eine in unserem Haus wohnende Tante dafür ein, dass ich die Handelsschule in Zwickau besuchen konnte. Ich habe diesen Schulbesuch auch angenommen, ihn aber nach dem ersten Halbsemester wieder aufgegeben. Ich hatte in ein paar Lehrfächern wie Algebra, Chemie und Sprachen (Englisch/Französisch) Schwierigkeiten, den Lehrstoff zu bewältigen. Außerdem ergab sich doch noch die Möglichkeit, eine Lehrstelle als Maschinenschlosser-Lehrling zu erhalten, die ich dann in der Zwickauer Grubenlampenfabrik „Friemann u. Wolf GmbH" antrat. Die Lehre schloss ich nach vier Jahren mit dem Erwerb des Facharbeiterbriefes erfolgreich ab. Obwohl hinsichtlich der Arbeitsanforderungen in der Erwachsenenwelt völlig integriert, ergaben sich für die persönlichen Belange gewisse Einschränkungen. Sie bezogen sich darauf, dass man unter 18 Jahren keine Tanzveranstaltungen, Spätkinovorstellungen oder abends Gaststätten besuchen durfte. Dies engte die Möglichkeiten der Kontaktaufnahme zum weiblichen Geschlecht erheblich ein, was, dann endlich 18 Jahre alt geworden, durch den inzwischen eingetretenen Kriegsalltag fast völlig zum Erliegen kam. Mit dem Zeitpunkt der Lehrbeendigung 1941 stand die Einberufung zum Kriegsdienst unmittelbar bevor. Die Frage war nur wohin? Über die normale Einberufung hätte der Weg nur zu irgendeiner Heereseinheit geführt. Da ich das aber nicht wollte, beschloss ich, mit Zustimmung meiner Eltern, mich freiwillig zur Kriegsmarine zu melden. So wurde ich im April 1941, knapp 18-jährig, zur II. Schiffsstammabteilung in Buxtehude einberufen. Es begann der für Rekruten übliche Drill, der zwölf Wochen lang andauerte. Er war angefüllt mit all seinen Schikanen, die jedem Rekruten aufgebürdet wurden. Sie bestanden u. a. aus Singen unter der Gasmaske beim Marsch, Kniebeugen mit vorgehaltenem Karabiner, Liegestütze bis zur Erschöpfung u. v. m. Das immerhin positive Ergebnis war, härter im Nehmen und etwas mehr Mann geworden zu sein. Im Juni 1941 wurde ich mit noch mehreren Kameraden zur Marineschule nach Wesermünde zwecks Absolvierung eines Sonderlehrganges für Maschinenpersonal abkommandiert. Dieser Lehrgang dauerte ebenfalls zwölf Wochen und hatte die Unterweisung im Bedienen von Schiffsmotoren zum Inhalt. Ich selbst wurde zum „E-Mixer" zur Wartung von Elektromotoren, Schalttafeln und Lenzpumpen ausgebildet. Der Dienst machte im Allgemeinen Freude, da der strenge militärische Drill entfiel und wir die erworbenen Fähigkeiten noch nicht unter realen Gefechtsbedingungen bzw. Feindeinwirkungen anwenden mussten. Im Endergebnis war zu registrieren, einiges Theoretisches und Praktisches hinzugelernt zu haben, was den späteren Anforderungen an Bord zu Gute kam. In den Zeitraum des Lehrganges fiel auch der Überfall Nazideutschlands auf die Sowjetunion. An irgendwelche Empfindungen dabei erinnere ich mich nicht. Die im Jungvolk gezüchtete Kriegsbegeisterung, verstärkt durch Wochenschauen im Kino und Sondermeldungen im Radio, waren auch an mir nicht spurlos vorüber gegangen. Für uns Soldaten war es eben nur ein weiterer Schritt zur „Erringung des Endsieges" und stand hinsichtlich seiner Rechtmäßigkeit außer jeden Zweifel. Die deutschen Armeen siegten an allen Fronten; Heer, Luftwaffe und Marine führten einen gnadenlosen Krieg, auch gegen die Zivilbevölkerung der angegriffenen Länder. Die U-Bootwaffe feierte Triumphe. Männer wie Mölders, Marseille, Prien und

Kretschmar galten als Helden, denen es nachzueifern galt. Wer von uns „jungen Spunden" hätte damals gedacht, dass dies alles der Anfang vom Ende war, wie es dann später auch eingetreten ist.

Nach Beendigung des Lehrganges führte der Weg über zwei Durchgangsstationen näher an die Front. Die erste befand sich in einem Lager in Ostfriesland, die zweite in Paris. Dort waren wir in einem Gebäude des ehemaligen französischen Marineministeriums untergebracht. Der Dienst bewegte sich im allgemeinen militärischen Alltag. Dazu gehörten z. B. Exerzieren und Waffen reinigen sowie obligatorische Schulungen.

Paris wurde insofern zu einem Erlebnis, da es viele Sehenswürdigkeiten wie den Eiffelturm, den Triumphbogen, Notre Dame, usw. zu sehen gab. Die wenigen Wochen in Paris vergingen geradezu schnell. Ich wurde dann mit noch mehreren Kameraden im September 1941 zur Hafenschutzflottille in Ostende/ Belgien versetzt. Diese Flottille bestand aus etwa 20 Fischereikuttern des ehemaligen belgischen Fischereiwesens, die durch Auf- bzw. Einbau von 2-cm-Flakwaffen und MGs zu Sicherungszwecken umfunktioniert worden waren. Als „Führungsboot" diente eine Yacht des ehemaligen belgischen Königshauses, auf dem ich als „E-Mixer" zum Einsatz kam. Dies war ein Glücksumstand für mich, denn das Boot war im Verhältnis zu den anderen Booten der Flottille wesentlich größer und schneller, da es maschinenmäßig besser ausgerüstet und somit gefechtsmäßig von größerem Wert war. Unser Kommandant, ein Obersteuermann, war ein erfahrener Seemann, der vor dem Krieg auf der „Bremen" fuhr. Der Besatzung war er stets ein vorbildlicher, kameradschaftlicher Vorgesetzter und nie auf „Rang und Würden" bedacht.

Leider ist er 1942 bei einem Flugzeugangriff auf unser Boot vor Dünkirchen gefallen. Unsere Aufgaben bestanden – wie der Name Hafenschutzflottille schon aussagt – im Schutz der Hafenanlagen, besonders der Ein- und Ausfahrt sowie in Sicherungsfahrten innerhalb der Drei-Meilen-Zone zwischen Ostende und Dünkirchen. Die Fahrten erfolgten überwiegend in der Nachtzeit und wurden nur bei sehr stürmischer See aufgrund der geringen Mobilität der Boote ausgesetzt. Eines Tages, im Mai 1942, erwischte es uns. Auf der Rückfahrt von Dünkirchen nach Ostende sichtete uns ein britisches Fernaufklärungsflugzeug, das sich offensichtlich auf dem Rückflug zu seinem Stützpunkt befand. Wir – unser Boot – wurden mit einer Salve aus seinen Rohren „begrüßt" und ziemlich ramponiert. Zum Glück führte er nur einen Anflug durch, so dass das Schlimmste verhindert wurde und wir mit eigener Kraft den Einsatzhafen erreichen konnten. Leider ist bei diesem Angriff, wie schon erwähnt, unser Kommandant gefallen und zwei Matrosen wurden verwundet. Ich selbst hatte erstmals das Gefühl, vom Glück begünstigt zu sein, stand ich doch an Deck nur wenige Schritte von der Einschlagstelle eines der Fliegergeschosse entfernt. Der Dienst an Bord war so organisiert, dass während jedes Einsatzes nach vier Stunden Maschinenwache, vier Stunden Freiwache an Deck erfolgten, die meistens als Zweitbedienung an den Maschinenwaffen verbracht werden mussten. Der Tagesablauf im Hafen verlief routinemäßig nach einem festgelegten Plan. Dieser beinhaltete notwendige Arbeiten an Deck oder im Maschinenraum, die Durchführung von Kleinreparaturen sowie tägliche Reinschiffmaßnahmen. Der selten bewilligte Ausgang führte meistens ins Soldatenheim der Wehrmacht nach Ostende, wo sich die Möglichkeit bot, Filme zu sehen oder man sich auch einen „kräftigen Umtrunk" genehmigen konnte. Der Kriegsalltag wurde zeitweise durch einen nutzbringenden Umstand begleitet. Den belgischen Fischern war es nach 1940 bis zum Invasionsbeginn gestattet, ihrem Gewerbe im Küstenbereich innerhalb der Drei-Meilen-Zone nachzugehen. Dabei befanden sich immer ein oder zwei Boote der Flottille mit auf See. Dies geschah aus Sicherheitsgründen, um ein Absetzen von Fischereibooten in Richtung England zu verhindern. Zum ökonomischen Nutzen beteiligten sich unsere Boote am Fischfang und brachten regelmäßig eine Ladung Seefische zum Stützpunkt. Dies bedeutete eine willkommene Aufbesserung des Speiseplanes für die Bootsbesatzungen. Darüber hinaus trug es dazu bei, jedem Heimaturlauber jeweils ein kleines Fass Salzheringe sowie eine Kiste Bücklinge mit auf die Heimreise zu geben, was alle mit Freude nutzen. Einige Wochen nach dem glimpflich abgelaufenen Flugzeugangriff auf unser Boot kam ich bei einem weiteren Vorkommnis ebenso mit heiler Haut davon. Wir liefen nach Mitternacht in Dünkirchen ein. Mit noch einigen Kameraden wurde ich zur Pierwache eingeteilt. Ich war schläfrig und unaufmerksam. Außerdem war es stockfinster und kein Mondschein am Himmel. Was kommen musste, kam. Ich trat dem Pierrand zu nahe und machte einige Meter hinter dem Heck eines der vertäuten Boote einen „Abgang" ins Hafenbecken. Zum Glück geschah dies bei Flut, so dass ich nicht allzu tief fiel. Außerdem hatte ich meinen Karabiner instinktiv fest an mich gepresst. Sein Verlust hätte schwere Folgen nach sich ziehen können im Sinne des Waffenverlustes vor dem Feind. Ich kam mit einem kräftigen

„Anschnauzer" meines Wachvorgesetzten davon und war künftig aufmerksamer. Auch hier glaubte ich mit Recht ans Glück eines Sonntagskindes.

Im Spätsommer 1942 konnte ich meinen ersten und auch letzten Heimaturlaub antreten. Zu Hause wurde ich freudig empfangen und Mutter versuchte logischerweise, mir den Aufenthalt so angenehm wie möglich zu machen. Bei Verwandten und Bekannten stand man „hoch im Kurs" und wurde letztlich als unbekannter Held betrachtet. Angedeutete Bemerkungen der Familie und guter Bekannter über die prekäre Kriegslage wurden nicht sehr ernst genommen bzw. ignoriert. Der Urlaub ging dann all zu schnell vorbei und der Kriegsalltag hatte mich wieder. Die Kriegssituation zu Wasser hatte sich verschärft. Das drückte sich besonders im Einsatz neuer Minenwaffen seitens des Gegners aus. Dieser bestand u. a. in der Anwendung von Magnetminen, die zur Nachtzeit mit Flugzeugen in den Schiffsrouten abgeworfen wurden. Die Besonderheit bestand darin, dass die Minen auf Grund sanken und somit nicht geortet werden konnten. Sie waren so manipuliert, dass, wenn ein Schiff darüber fuhr, sie infolge des Magnetismus des Schiffskörpers aktiviert und mittels Pressluft nach oben gedrückt wurden, um dann unter dem Schiffsrumpf zu detonieren. Dem Problem des Magnetismus wurde durch Entmagnetisierung der Boote entgegengewirkt. Es kamen auch Sperrbrecher zum Einsatz, um deren Längsachse Elektrokabel installiert waren, die aus den Schiffsmaschinen mit Elektroenergie gespeist wurden. So wurde Gegenmagnetismus erzeugt, der die Minen vorzeitig zur Detonation brachte. Der Gegner reagierte darauf mit dem Einsatz von Geräuschminen, die, wie der Name schon sagt, auf Schraubengeräusche reagierten und damit unter dem Heck darüber fahrender Schiffe detonierten. Dem wurde wiederum vorgebeugt, in dem man am Bug der Räumboote einen mehrere Meter langen Metallarm installierte, an dessen vorderen Ende man eine Geräuschboje installierte. Diese erzeugte „Schraubengeräusche", die die Minen vorzeitig zur Detonation brachten. Alle diese Maßnahmen waren jedoch nur ein Vorgeplänkel zu dem, was sich dann 1944 mit Beginn der Invasion zutrug.

Im Sommer 1943 fuhren wir mit einem unserer Boote zwecks Instandsetzung bzw. Grundüberholung in eine Binnenwerft scheldeaufwärts über das vorhandene Kanalsystem nach Dortrecht/Holland. Mit noch zwei Kameraden, einem Bootsmaat und einem Matrosen (seemännischer Dienst), verblieben wir während der Instandsetzung etwa sechs Wochen zwecks Wach- und Kontrollmaßnahmen an Bord des Bootes. Dies war eine angenehme Zeit, fast wie Urlaub, fern allen militärischen Gefahren und dienstlichen Forderungen. Wir konnten uns relativ frei bewegen. Zu den Werftarbeitern hatten wir einen guten, fast kameradschaftlichen Kontakt. Es wäre damals ein Leichtes gewesen, der Kriegsmarine „Valet" zu sagen und die Fronten zu wechseln. Unterschwellige Angebote seitens der Werftarbeiter lagen vor. Es fehlte aber der Mut zur letzten Konsequenz und so blieb alles beim Alten. Es hätte auch wenig Sinn gehabt, da die Familie, aufgrund der geltenden sippenhaften Bestimmungen, unweigerlich im Gefängnis bzw. im KZ gelandet wäre. Also mussten solche Gedanken unter der Rubrik „Undurchführbar" abgelegt werden. Etwas Gutes brachten die paar Wochen Instandsetzungszeit dennoch mit sich. Versorgungsmäßig waren wir einem Marinedepot in Rotterdam unterstellt. Die Verpflegungsmengen mussten wir, in Seesäcken verpackt, von dort abholen. Wir waren clever genug, den Bedarf für fünf, statt für drei, Mann anzugeben. Dadurch war es möglich, einen Reservebestand zu deponieren, den wir untereinander aufteilten. So ergab sich, dass ein jeder von uns eine Kiste mit Konserven nach Hause schicken konnte, was daheim mit Freuden begrüßt wurde. Es war übrigens das einzige Mal, dass wir der „Deutschen Wehrmacht", wenn auch nur indirekt, geschadet hatten, ohne uns Gewissenbisse einzureden. Nach beendeter Reparaturzeit kehrten wir wieder zum Einsatzhafen in Ostende zurück und der Kriegsalltag hatte uns wieder.

Inzwischen war das fünfte Kriegsjahr im Gange. Im Juni 1944 begann dann die Invasion. Die allgemeinen Kriegsbedingungen veränderten sich schlagartig, indem die Handlungs- und Bewegungsfreiheit aller im Kanal stationierten Marineeinheiten weitgehend eingeschränkt wurde. Der Fortbestand unserer Flottille erübrigte sich. Die Hafenanlagen, Piers und Schleusen wurden aufgrund der zu erwartenden Einnahme Ostendes durch die Alliierten zur Sprengung vorbereitet und später wohl auch realisiert. Der Personalbestand der Flottille wurde auf dem Landweg rückverlegt und damit waren schifffahrtsmäßig für immer „alle Messen gesungen". Wir landeten in einem Auffanglager bei Zwolle/Holland, später in Scheveningen zur Durchführung von „Sondermaßnahmen". Diese bestanden auf Beschluss der Marineführung darin, alle im Hafen befindlichen einsatzklaren Schiffseinheiten, meist Fischereifahrzeuge, ins Reich zu überführen. Dabei kam es auf dem Boot, dem ich zugeteilt war, zu Vorkommnissen, die mich erneut erahnen ließen, ein „Sonntagskind" zu sein. Bei der Vorbereitung zum Auslaufen kam es im Maschinenraum zu einer Explosion, die nur aufgrund vorgenommenen Manipulationen durch die Schiffseigner hervorgerufen sein konnten. Ich erlitt an der linken Körperseite sowie im Gesicht Verbrennungen 2. Grades und zog mir eine zeitweilige Hörbehinderung zu. Ich wurde über ein Frontlazarett in das Reservelazarett Wahrburg bei Helmstedt verlegt und dort auskuriert. Bei dieser Gelegenheit sah ich meinen Bruder nach sehr langer Zeit wieder, als er mich einmal besuchen kam. Im November 1944 konnte ich dann einen 14-tägigen Genesungsurlaub antreten und meine Familie nach langer Zeit wieder sehen. Der größte Glücksumstand war letztlich der, keine schwerwiegenden körperlichen Schäden davon getragen zu haben. Mit allem Anderen konnte man leben.

Während des Urlaubs kamen meine jüngere Cousine und ich uns näher, was schließlich in einem Verlobungsversprechen endete. Der Urlaub ging leider sehr schnell vorüber und ich fand mich anschließend bei einer Marineersatzeinheit in Lehr / Ostfriesland wieder. Die oberste Marineführung hatte den Entschluss gefasst, alle verfügbaren Marinekräfte, die auf See nicht mehr eingesetzt werden konnten, zur 2. Marine-Infanterie-Division (ca. 8 000 Mann) zu formieren, mit der Aufgabe, den Vormarsch der Roten Armee in Ostpreußen aufhalten zu helfen. Sie wurde im Frühjahr 1945 aufgrund ihrer mangelhaften Kampferfahrung in der Landkriegsführung bei Marienburg/ Ostpreußen sinnlos „verheizt". Ich sollte ursprünglich auch zu dieser Division kommen, wurde aber - zu meinem Glück – vorher, mit noch etwa 30 weiteren Kameraden, zu einer Spezialausbildung ausgesondert. Wir wurden zu einem Pionierzug formiert und in die Grundhand-

lungen des Pionierwesens, wie z. B. Anbringen von Spreng-
ladungen, dem Verlegen von Schützen- und Panzerminen,
Stellungsausbau, u. a. ausgebildet. Nach Ausbildungsab-
schluss hatte sich die Rückversetzung zur Division in Ostpreußen erübrigt, da die Rote Armee dieselbe bereits zerschlagen hatte. Wir wurden daraufhin nach Osten an die Oder
verlegt und irgendeiner Infanterieeinheit unterstellt mit der
Weisung, in der Nähe von Angermünde den Oderdamm zu
durchstechen bzw. zu sprengen, um der Roten Armee den
Vormarsch zu erschweren. Zu diesem Wahnsinn kam es aber
nicht mehr, da die russischen Einheiten schneller waren und
mit entsprechender Artillerieeinwirkung das Vorhaben ver-
hinderten. Bei dieser Gelegenheit machten wir zum ersten
Mal und zum Glück nie wieder mit der „Stalinorgel" Be-
kanntschaft. Für uns gab es daraufhin nur noch einen Gedanken, heil aus dem Schlamassel herauszukommen. Es waren die letzten Apriltage 1945 und wir hatten nur ein Ziel,
unter keinen Umständen in russische Gefangenschaft zu geraten. Die anerzogene Angst vor den „russischen Untermen-
schen" zeigte ihre Wirkung und wir marschierten zielstrebig
nach Westen. Am 3. Mai 1945, drei Tage vor meinem 22.
Geburtstag, erreichten wir in der Nähe von Boizenburg die
Elbe und wurden von amerikanischen Soldaten „in Emp-
fang genommen".
Nach erfolgter Entwaffnung und gründlicher Filzung nach
Messern, Uhren, Medaillen, u. a. campierten wir zwei oder
drei Tage unter freiem Himmel und wurden mit einer täglichen eisernen Ration der US-Soldaten, die für vier Mann
reichen musste, versorgt. Anschließend wurden wir jeweils
zu 30 Mann, stehend, auf LKWs verfrachtet und kamen am

8. oder 9. Mai 1945 auf der Insel Fehmarn, dem Gefangenenasyl für tausende Angehörige der ehemaligen Kriegsmarine unter britischer Militärgewalt, an. Untergebracht wurden wir in den, auf der Insel befindlichen, Baracken der Kriegsmarine. So hatten wir wenigstens ein festes Dach über dem Kopf, was sich als großer Vorteil erwies, wenn man es mit den Bedingungen vergleicht, die hunderttausende ehemalige Wehrmachtsangehörige in französischer, amerikanischer oder russischer Gefangenschaft erdulden mussten. Verpflegungsmäßig erhielten wir am Tag 1 Liter Suppe, ca. 200 Gramm Brot und ein halbes Kochgeschirr voll Wald- und Wiesentee. Dies reichte zum Überleben und ließ der Hoffnung auf baldige Besserung freien Lauf.

Es ist notwendig darzulegen, dass die Unterbringung nach einem strengen militärischen Prinzip, also in Gruppen, Zügen und Kompanien, erfolgte. Ein ehemaliger Offizier der Kriegsmarine, in unserem Fall ein Oberleutnant zur See, wurde uns vorgesetzt. Es wäre im Bedarfsfall leicht gewesen, nach erfolgter Ausrüstung und Bewaffnung kampfstarke Einheiten zu formieren. Darüber hinaus wurden Freiwillige geworben und gewonnen, die sich bereit erklärten, mit den noch vorhandenen Minensuchbooten der ehemaligen Kriegsmarine unter britischem Kommando, das Küstengebiet sowie den Ost- und Nordseeraum von den im Krieg verlegten Minen zu räumen. Ein wahres „Himmelfahrtskommando", das nicht Wenige im Nachhinein mit dem Leben bezahlten. Im Verlaufe des Sommers wurden wir im Wechsel gruppenweise bei den Bauern auf der Insel zu Ernteeinsätzen eingesetzt. Dies hatte eine zeitweilige Verbesserung der Verpflegungslage zur Folge, da die Bauern sich veranlasst fühlten, uns mit Nahrungsmitteln wie Brot, Suppe, Milch und, im geringen Umfang, mit Wurst und Speck für die geleistete Arbeit zu versorgen. Diese Vorteile kamen jedoch nicht allen auf der Insel befindlichen Gefangenen zugute, so dass diese mit der täglichen schmalen Gefangenenkost zurechtkommen mussten. Da auf der Insel in großen Mengen Möhren, Kohlrabi und Kohl angebaut wurden, „versorgten" sie sich durch Erntediebstahl selbst. Dies verdross logischerweise die Bauern und sie beschwerten sich beim auf der Insel stationierten britischen Militärkommandanten in Burg. Dieser ordnete an, dass die Felder nachts durch einzusetzende Wachpostenpaare vor Diebstahl zu sichern sind. Dies zeigte jedoch nur wenig Wirkung, war es doch letzten Endes nur so, dass die Wachposten für die Anderen „mitklauten". In diesem Zusammenhang ergab sich für mich eine brenzlige Situation, die ein schlimmes Ende hätte nehmen können. Eines Nachts war mein Wachdienst abgelaufen und es sollte die Ablösung erfolgen. Die festgelegte Regel war, dass ein Wachposten die Ablösung zu wecken hatte, während der zweite bis zu ihrem Erscheinen warten musste. Ich hätte warten müssen, begab mich aber zur gleichen Zeit in die Baracke. Just in diesem Moment führte unser Oberleutnant eine Kontrolle durch und traf keinen an. Am nächsten Morgen musste ich „antanzen" und mir eine gehörige Standpauke anhören. Sie gipfelte darin, mich mit drei Tagen Arrest zu bestrafen. Damals schon etwas selbstsicherer geworden, antwortete ich sinngemäß: „Herr Oberleutnant, die Deutsche Wehrmacht besteht seit Wochen nicht mehr, demzufolge haben auch Sie keine Disziplinarbefugnisse mehr. Ich nehme die Strafe nicht an." Dies hatte ein erneutes „Donnerwetter" zur Folge und die Antwort, dass ich mir alles nochmals überlegen müsse, denn wenn ich bei meiner Ablehnung bliebe, würde er mich der britischen Militärgerichtsbarkeit in Burg überstellen. Was dann geschehen würde, könne ich mir wohl mit meinem „Obergefreiten-Spatzenhirn" selbst ausmalen. Da ich keine Lust verspürte, meine Lage zu verschlimmern, gab ich klein bei und saß die drei Tage Arrest bei Wasser und Brot in einem, im Barackenbereich stehenden, leeren Funkmesscontainer der ehemaligen Kriegsmarine ab. Ich schwor mir zwar, bei der ersten sich bietenden Gelegenheit „Rache" zu nehmen, wozu es allerdings nicht mehr kam. Unmittelbar nach diesem Vorkommnis wurde ich mit noch einigen Mitgefangenen nach Kiel verlegt. Wir wurden auf einem, im Hafen liegenden, ehemaligen Schnellbootmutterschiff der Kriegsmarine untergebracht, das der britischen Militärbehörde als Amtssitz diente. Unsere Aufgaben bestanden in Reinschiffmaßnahmen, der Durchführung von kleinen Reparaturen sowie der Teilnahme an Räumungsarbeiten von Materiallagern der Kriegsmarine, deren Bestände nach England verschifft wurden. Etwa September/ Oktober 1945 begann man mit der Entlassung der ersten Gefangenen in ihre Heimatorte. Allerdings galt das nur für diejenigen, die in den westlichen Besatzungszonen beheimatet waren. Für Gefangene aus der russischen Besatzungszone galten diese Regelungen nicht, was erstmals zu erheblichem Unmut bei den Betroffenen führte. Es hatte alles keine Aussichten auf Erfolg, da es keine Ansprechpartner bzw. Instanzen gab, an die man sich hätte wenden können. Darüber hinaus wurde eine Angstpsychose eröffnet, die zum Inhalt hatte, allen Betroffenen zu suggerieren, dass sie nach Rückkehr in die russische Besatzungszone mit strengen Repressalien der Russen rechnen mussten. Dies wurde jedoch von den Meisten als unwahrscheinlich betrachtet und nach Möglichkeiten gesucht, dieser zweifelhaften West/ Ost-Kategorisierung zu begegnen. Ungeachtet dessen taten wir uns zu fünft zusammen in der Absicht und mit dem festen Willen, selbständig den Weg nach Hause anzutreten. In den letzten Novembertagen 1945 verließen wir, mit den notwendigsten persönlichen Utensilien versehen, die Unterkunft und begaben uns „per Anhalter" mit einem LKW nach Hamburg. Von dort aus fuhren wir mit einem Güterzug, auf dem wir uns eingeschmuggelt hatten, in Richtung Süden nach Gotha und überschritten dort die Demarkationslinie in die russische Besatzungszone. Von dort aus war es nur noch ein „Katzensprung" nach Hause, den wir unter Nutzung eines Personenzuges auch noch schafften. Am 29. November 1945 kam ich zu Hause an, von der Familie herzlich empfangen und besonders froh darüber, dass das Wiedersehen bei bester Gesundheit erfolgen konnte und das verruchte Nazisystem endgültig überwunden war.

Der erste größere Abschnitt meines Lebens war damit beendet und es galt nun mehr, den weiteren Weg in die Zukunft zu suchen, zu finden und zielstrebig zu beschreiten. Anfang Dezember 1945 meldete ich mich in der Einwohnermeldestelle zur Antragsstellung für einen Personalausweis und, was noch wichtiger war, zum Erhalt von Lebensmittelkarten. Gleichzeitig erfolgte die Meldung in der russischen Stadtkommandantur. Dort musste man Angaben über die gesamte Wehrdienstzeit, besonders über Einsatzorte, Dienstgrad, Dienststellungen und erworbene Auszeichnungen machen. Der Sinn bestand darin, Personen, die in ehemaligen Waffengattungen, Einheiten und Einsatzorten der Wehrmacht, die an kriegsverbrecherischen Handlungen beteiligt waren, herauszufiltern, was in vielen Fällen auch gelang. Der Weg führte dann unweigerlich in russische Kriegsgefangenschaft, in extremen Fällen in Straflager der Sowjetunion. Ich brauchte mir diesbezüglich keine Sorgen zu machen, hatte ich doch eine „normale" Dienstzeit hinter mich gebracht, die mich nicht belasten konnte. Das nächste Problem war die Arbeitssuche. Große Möglichkeiten gab es ja nicht und so konnte ich Anfang Dezember 1945 meine erste Arbeitsstelle als Reparaturschlosser im RAW-Zwickau aufnehmen. Dies war ein verdammt harter Job, waren doch die gesamten Begleitumstände nicht die Besten. Sie bestanden in erster Linie in den sehr hohen Arbeitsnormen, Mängel in der Material- und Werkzeugbereitstellung, der noch ungenügend ausgereiften Arbeitsorganisation und nicht zuletzt in den geringen Lebensmittelzuteilungen, die die physischen Lebensbedingungen belasteten. Erschwert wurde alles noch durch die beginnenden Demontagemaßnahmen durch die russische Besatzungsmacht. So kamen die ersten „Friedensweihnachten" heran, die ziemlich farblos, um nicht trostlos zu sagen, verliefen, letztlich aber von der Freude übertönt wurden, die Nazidiktatur und die harten Kriegszeiten überwunden zu haben. Alles Weitere musste einer zielstrebigen, aufopferungsvollen Arbeit in der Zukunft geschuldet sein.

3. Nachkriegszeit, Dienst in den bewaffneten Organen der Deutschen Volkspolizei, Grenzpolizei/ Grenztruppen, NVA, Ausscheiden in die Reserve

Das Jahr 1946 nahm seinen schwierigen, bereits angedeuteten, Verlauf. An meiner Arbeit fand ich keinen rechten Gefallen mehr und ich machte mir wegen eines Wechsels in eine andere Tätigkeit Gedanken. Zum Einen bot sich der Weg aufs Land zu einer der entstehenden MAS (Maschinen-Ausleihstation) als Schlosser an. Die zweite Möglichkeit bestand darin, sich zur Heranbildung als Neulehrer zu bewerben. Beide Varianten verwarf ich und wandte mich einer dritten zu, der Bewerbung zum Eintritt in die Deutsche Volkspolizei. Dem waren eingehende Diskussionen in der Familie vorausgegangen hinsichtlich der Tatsache, dass dieser Schritt, wenn auch nur indirekt, mit möglichem Waffendienst verbunden war. Es entschied letztlich das Argument, dass eine solche Entscheidung mit anderen Voraussetzungen zu tun hatte, als es in der Vergangenheit der Fall war. Es war zu berücksichtigen, dass die sich herausbildende Gesellschaftsordnung eines entsprechend bewaffneten Schutzes bedurfte. Am 13. Januar 1947 trat ich meinen Dienst als Schutzmann an, wechselte dann aber nach ca. drei Monaten zum Kriminaldienst ins Polizeiamt Zwickau über. Die ersten Tätigkeiten bestanden im Durchlaufen aller Kommissariate, zwölf in der Zahl, um einen Gesamtüberblick in die kriminalpolizeiliche Arbeit zu bekommen. Danach kam ich im Kommissariat für Wirtschaftsvergehen zum Einsatz. Ein Vorkommnis aus dieser Zeit ist mir besonders in Erinnerung geblieben. Wir erhielten einen anonymen Anruf mit dem Hinweis, dass in einem großen Zwickauer Schuhgeschäft illegale Schuhbestände gehortet wurden. Die Untersuchung brachte zunächst kein Ergebnis und sollte abgebrochen werden. Als wir uns in den Kellerräumen nochmals umsahen, sagte mein Begleiter, Zimmermann von Beruf, dass hier etwas nicht stimme. Eine genaue Vermessung der Räumlichkeiten ließ uns vermuten, dass eine zusätzliche Wand eingezogen worden sein musste. Als wir eine dafür in Frage kommende Wand durchbrachen, gelangten wir in einen Kellerraum, der bis an die Decke mit Schuhkartons gefüllt war. Es wurden dort etwa 1 000 Paar Schuhe aller Art, alles Vorkriegsware, sichergestellt. Ein wahrhaft beachtlicher Erfolg. Der Geschäftsinhaber wurde festgenommen und nach der damals verbindlichen Wirtschaftsstrafverordnung mit einer Freiheitsstrafe belegt. Die Ware wurde sichergestellt und einer geschaffenen Erfassungsstelle zugeführt, um danach an die Bevölkerung auf der gegebenen Bezugsscheinbasis verteilt zu werden.

Etwa zum gleichen Zeitpunkt begab sich eine ernste personalpolitische Situation, die alle Polizeiangehörigen persönlich sehr belastete. Auf der Grundlage einer Dienstanweisung (Befehl Nr. 2) wurde festgelegt, dass alle im Polizeidienst Tätigen, die Verwandtschaft 1. Grades in den Westzonen hatten sowie alle nach dem 1.1.1946 aus westlicher sowie jugoslawischer Gefangenschaft zurückgekehrten, ehemaligen Wehrmachtsangehörigen fristlos aus dem Dienst zu entlassen sind. Als Begründung wurde unterstellt, dass sie von westlichen Geheimdiensten als Agenten angeworben sein könnten, und damit für sie kein Platz in den Reihen der Deutschen Volkspolizei sei. Einsprüche seitens der Betroffenen wurden nicht anerkannt und verworfen. Sie wurden jedoch in neue Arbeitsstellen vermittelt, um ihnen den Start in die neue Arbeitswelt zu erleichtern.

Das Jahr 1947 brachte weitere entscheidende Maßnahmen mit sich. Eine besondere davon war z. B., dass alle Naziangehörigen entsprechend ihres Schuldanteils während der Nazidiktatur zur Verantwortung gezogen wurden. Grundlage bildete eine Verordnung, die zum Inhalt hatte, dass alle Betroffenen in „Verbrecher", „Mittäter", „Belastete" und „Mitläufer" eingestuft wurden. Gegen sie wurden auf der Grundlage von Beweisen, Dokumenten, Zeugenaussagen und Hinweisen Vorgänge erarbeitet und Ermittlungen geführt, die zu ihrer späteren Verurteilung vor Gericht führten. Mitläufer wurden lediglich einer allgemeinen Befragung unterzogen. Strafandrohungen gegen sie entfielen und ihnen wurde nahe gelegt, sich nach besten Kräften an der Gestaltung der neuen Gesellschaftsordnung zu beteiligen. Alle Anderen wurden entsprechend ihres Schuldanteils gerichtlich bestraft. Eine Besonderheit für den jeweiligen Ermittler bestand darin, dass er nach Abschluss eines Vorganges nicht nur den erforderlichen Abschlussbericht zu fertigen hatte, sondern, auf der Grundlage vorgegebener Kriterien, die Anklageschrift schreiben musste. Dies erleichterte der Staatsanwaltschaft die Arbeit, denn es brachte wesentliche Zeitersparnis. Ich selbst hatte auch einige Zeit an solch einer Ermittlungsarbeit mitgewirkt und war zufrieden darüber, wenn auch mit nur einem bescheidenen Anteil an der Überwindung der Folgen des Naziregimes beteiligt gewesen zu sein. Bestärkt wurde ich durch die Tatsache, dass es in den Westzonen eine entgegen gesetzte Entwicklung gab, indem Naziverbrecher – von wenigen Ausnahmen abgesehen – nicht zur Verantwortung gezogen, sondern im Gegenteil, wieder in Amt und Würden eingesetzt wurden. Dies traf z. B. auf Heinrich Globke, Verfechter der Rassengesetze, zu. Einhundert Hitler-Generäle und -Admiräle durften den BGS und die Bundeswehr aufbauen helfen (A. E. Heusinger, de Maisère), weit über 800 hohe Justizbeamte, Staatsanwälte und Richter aus Hitlers Blutjustiz dienten in der BRD in gleichen und höheren Funktionen. 297 GESTAPO-Beamte und Polizeiführer dienten im BND, BVS und MAD; 245 leitende Beamte aus Hitlers diplomatischem Dienst wurden im Auswärtigen Amt der BRD beschäftigt.

Inzwischen war das Jahr 1948 herangekommen, das für mich persönliche Veränderungen mit sich brachte. Zum Einen war ich inzwischen zum Kriminalkommissar ernannt worden, was gleichzeitig mit der Übernahme der Leitung einer Kriminalaußenstelle in Kirchberg, Kreis Zwickau, verbunden war. Damit unterstanden mir sechs Mitarbeiter, mit denen es gemeinsam die hohe Kriminalitätsquote zu bewältigen galt. Ein Vorkommnis aus dieser Zeit ist mir besonders im Gedächtnis geblieben. Im Kreisgebiet waren bereits Monate vorher eine Vielzahl ungeklärter Einbrüche erfolgt. Die jeweilige Methode des Vorgehens sowie die dazu benutzten Werkzeuge ließen darauf schließen, dass es sich stets um den gleichen Täter bzw. die gleiche Tätergruppe handeln musste. Wir erhielten eine Anzeige wegen eines Unterschlagungsvorganges. Die eingeleitete Untersuchung war bei dem Täter mit einer obligatorischen Hausdurchsuchung verbunden. Dabei fanden wir im Keller versteckte Sachen, die nur aus Einbruchshandlungen stammen konnten. Zunächst gelang es uns, dem Beschuldigten zwei oder drei dieser Straftaten nachzuweisen, die er auch eingestand. Nunmehr den Faden in der Hand haltend, wurden ihm immer mehr Fälle nachgewiesen bis sich schließlich an die Hundert ergaben, die er im Alleingang durchgeführt hatte. Hätte er die Finger vom Unterschlagungsdelikt gelassen, wäre sicher alles noch einige Zeit unentdeckt geblieben.

Im November 1949 wurde ich zu einer Aussprache zum Leiter des Kriminalamtes beordert. Dieser konfrontierte mich mit der Möglichkeit, zur Deutschen Grenzpolizei (DGP) zu wechseln. Nach einigem Zögern stimmte ich zu und wurde danach zur Grenzkommandantur in Eibenstock als Leiter der Grenzkriminalstelle versetzt. Dies brachte zunächst eine äußerliche Umstellung mit sich, da ich wieder die blaue Uniform der Volkspolizei tragen musste. Sie unterschied sich lediglich darin, dass auf dem linken Ärmel ein silbernes „G" aufgenäht war, was eben Grenzpolizei dokumentierte. Ein durchaus nützliches Relikt, wie sich später herausstellen sollte. Wir wurden damals wiederholt mit den, in Eibenstock tätigen, Kumpeln der Wismuth AG konfrontiert, die sich in der Öffentlichkeit durch Trunkenheit, Randalieren und andere Störmaßnahmen hervortaten. Die für die Wismuth AG speziell formierte Bergpolizei wurde durch die Kumpels oftmals ignoriert und kaum anerkannt. Uns „Grenzern" gegenüber verhielten sie sich bei vorkommenden Konfrontationen in den meisten Fällen mit Respekt.

Ein weiteres Paradoxon bestand darin, dass im Anfangsstadium des Aufbaus der Wismuth AG im großen Umfang ehemalige Angehörige der Nazipartei, auch kriminell vorbelastete Personen, dienstverpflichtet wurden. Ein für uns unverständlicher Umstand war, dass durch die russische Leitung des Betriebes diesen Fakten wenig Bedeutung beigemessen wurde, sofern nur die Erfüllung der hohen Arbeitsnormen und Produktionsergebnisse stimmte. Es gab auch einige schwere Vorkommnisse kriminellen Charakters. Die Wismuth-Kumpel wurden täglich mit Personenzügen von Zwickau und Umgebung an ihre Arbeitsplätze transportiert. Die Züge wurden dann auf Nebengleisen in den Bahnhöfen der Arbeitsorte abgestellt, um die Kumpel nach Schichtende wieder nach Hause fahren zu können. Dies wurde von kriminellen Elementen zur Durchführung schwerer Störmaßnahmen ausgenutzt.

Für die im Bergbau erforderlichen Sprengungen unter Tage kamen bestimmte, dafür ausgewählte, Kräfte (Sprengmeister) in den Besitz von Sprengmitteln wie Bohrpatronen, Zünder und Zündschnüre. Davon wurden Teile illegal abgezweigt, um daraus hochexplosive Sprengkörper anzufertigen. Dazu präparierte man unter Tage benötigte Karbidlampen, indem man in ihre Unterteile, in die sonst das Karbid eingefüllt wurde, eine halbe Bohrpatrone mit einer Sprengkapsel deponierte. Nach Entfernen des außen befindlichen Brenners wurde über den Gasaustrittkanal ein entsprechend langes Stück Zündschnur eingeführt und mit der Sprengkapsel verbunden. Nach der Verriegelung des Ober- und Unterteils der Lampe entstand so ein Sprengsatz, der die Wirkung einer Handgranate weit übertraf. Die so gefertigten Sprengsätze wurden dann nach Inbrandsetzung der Zündschnur zwischen die im Bahnhof abgestellten Züge geworfen.

Die Auswirkungen waren katastrophal, weil auf der Explosionswelle zugewandten Seite die Fensterscheiben zu Bruch gingen, was ja Sinn und Zweck einer solchen Aktion war. Infolge des ausgesprochenen Mangels an Fensterglas mussten die Fenster mit Holzplatten bzw. Pappscheiben vernagelt werden, um die Züge dennoch fahren lassen zu können. Die Täter wurden in einigen Fällen gestellt. Die Gerichte der Besatzungsmacht verhängten gegen sie hohe Freiheitsstrafen. Es ist nicht auszuschließen, dass dies nicht nur kriminelle Handlungen waren, sondern Auftragshandlungen antikommunistischer Kräfte aus den Westzonen gewesen sind. Solche geschilderten Vorkommnisse brachten verständlicherweise hohe dienstliche und persönliche Belastungen mit sich und gaben Verärgerungen freien Lauf. Ungeachtet dessen nahm die gesellschaftliche Entwicklung ihren Fortgang und ließ optimistische Zukunftsbetrachtungen reifen. Ende 1949 wurde mir vorgeschlagen, einen zehnmonatigen Lehrgang an der VP-Schule für Kriminalistik in Arnsdorf bei Dresden zu besuchen. Diesem Angebot kam ich gerne nach, bot sich doch die Möglichkeit der Qualifizierung und des Erwerbes neuer Kenntnisse. Der Lehrgang, der Anfang 1950 begann, verlief nach einem konkreten Lehrplan mit Lehrfächern wie Kriminalistik, Aufklärungsmethoden hinsichtlich Straftaten wie Raub, Tötungsdelikten und Brandstiftung u. v. m. Darüber hinaus gab es Anleitung zur erkennungsdienstlichen Arbeit sowie zur Führung von Fahndungsmaßnahmen. Untermauert wurde der Unterricht mit dem Besuch des kriminaltechnischen Museums Dresden sowie der Teilnahme an einer kriminaltechnischen Leichensektion im pathologischen Institut Dresden. Insgesamt erschloss sich eine große Palette neu erworbenen theoretischen Wissens. Nach Abschluss des Lehrgangs stand die Frage: wie weiter?". Die Möglichkeit der Rückkehr zur alten Dienststelle schied aus. Stattdessen wurde ich auf Befehlsbasis zum Grenzkontrollpunkt Marienborn als Leiter der Grenzkriminalstelle versetzt. Sehr glücklich war ich nicht darüber, habe mich aber damit abgefunden und war bemüht, den neuen Anforderungen gerecht zu werden. Sie bestanden in einer völlig veränderten Aufgabenstellung im Vergleich zu meiner bisher geleisteten Arbeit. Die Hauptaufgabe bestand, verallgemeinert dargelegt, in der Gewährleistung und Sicherstellung des störungsfreien Grenzverkehrs zwischen der DDR, Westberlin und der BRD. Zugrunde lagen dafür erlassene Anordnungen und Bestimmungen, welche konsequent durchgesetzt wurden. Alle Belange, die die westlichen Besatzungsmächte betrafen, wurden durch Kräfte der sowjetischen Militäradministration geregelt.

Der legale Personen- und Güterverkehr von der BRD nach Westberlin und umgekehrt wurde durch eine Vielzahl von Gesetzesverletzungen belastet. Sie betrafen z. B. den Transitverkehr, der z. T. erheblich gestört wurde. Ein Schwerpunkt bestand u. a. darin, dass DDR-Bürger unter Benutzung illegal erworbener Personenkennkarten aus West-Berlin nach der BRD auszureisen versuchten. Diese Kennkarten beinhalteten kein Passfoto bzw. Fingerabdrücke zur Identifizierung der Personen. Durch Unterschriftsproben, die ja mit der in der Kennkarte vorhandenen Unterschrift nicht übereinstimmten, wurden sie in den meisten Fällen überführt. Darüber hinaus konnten aufgrund von Fahndungsunterlagen eine große Anzahl in der DDR straffällig gewordenen Personen gestellt werden. Häufig wurden Versuche unternommen, Bürger der DDR, in Fahrzeugen versteckt, auszuschleusen sowie Schmuggelware (Zigaretten, Schokolade, Seife u. a.) illegal einzuführen. In der Regel wurden diese Versuche entdeckt, die Personen festgenommen und die Waren sichergestellt. Die Fahrzeuge, die in diesem Zusammenhang als „Tatwerkzeug" galten, wurden beschlagnahmt und die Eigentümer einer entsprechenden Strafe zugeführt. Ein Beispiel soll dieses Verfahren verdeutlichen.

Im Sommer 1951 erhielten wir einen anonymen Anruf aus Westberlin, in dem man uns mitteilte, dass am gleichen Tag zwei straffällig gewordene Bürger der DDR, die sich im Besitz ihnen nicht gehörender Personaldokumente (Namen waren angegeben) befanden, mit Bussen eines Westberliner Transportunternehmens illegal ausgeschleust werden sollten. Die Information bestätigte sich und es erfolgten die dafür vorgesehenen Maßnahmen: also Festnahme der Personen und Beschlagnahmung der Fahrzeuge. Die übrigen Mitreisenden mussten ihren Weg zu Fuß zum gegenüberliegenden BRD-Kontrollpunkt fortsetzen, um von dort aus weiterreisen zu können. Die Angelegenheit wurde komplettiert, indem am Nachmittag des gleichen Tages zwei im Gegenverkehr fahrende Buspaare derselben Firma festgehalten und beschlagnahmt wurden. Diese Maßnahme war juristisch sicher ungerecht, wurde aber trotz unternommener Protestaktionen der Eignerfirma aufrechterhalten. Die vier Buseinheiten sind, wie wir später erfuhren, dem im Aufbau befindlichen Eisenhüttenkombinat Ost zur Verfügung gestellt worden und erfüllten dort zum An- und Abtransport der Arbeiter zu ihren Arbeitsplätzen ihren Zweck. Kurze Zeit nach diesem Vorkommnis erfolgte meine Versetzung zur Grenzbereitschaft Salzwedel, Bereich Grenzkriminaldienst. Diese Tätigkeit ergab sich nur noch für kurze Zeit, da für sie keine wesentlichen Voraussetzungen mehr bestand und der Ressort „Grenzkriminalpolizei" aufgelöst wurde. Vorkommnisse dieser Art wurden von da ab operativ gelöst. So wechselte ich in den Bereich" Grenzsicherung", in dem ich dann viele Jahre in jeweils gehobenen Dienststellungen tätig war.

Eine erste Belastungsprobe ergab sich im Sommer 1952, als es darum ging, Bürger aus dem grenznahen Raum, die als „nicht tragbar" galten, auszusiedeln. In erster Linie betraf es Bauern, deren Gehöfte sich in unmittelbarer Grenznähe befanden und denen Verbindungen verwandtschaftlicher sowie freundschaftlicher Art zum Westen angelastet wurden. Es betraf aber auch Personen, die im Verdacht standen, „Westsender" zu hören und ebensolche Parolen zu verbreiten, kurz solche Leute, die als politisch unzuverlässig galten. Die Entscheidung darüber, wen es betraf, oblag einer vom Landratsamt gebildeten Kommission, die sich aus verantwortlichen Vertretern der Deutschen Volkspolizei, dem Ministerium für Staatssicherheit und den örtlichen Volksvertretungen zusammensetzte.

Die Deutsche Grenzpolizei hatte hinsichtlich dieser Entscheidungen keinen Einfluss und erfüllte nur Aufgaben der Überwachung des Ablaufes dieser Maßnahmen durch verstärkte Grenzsicherung, um ein weiteres Abwandern von Personen aus dem Grenzgebiet zu verhindern. Analoge Maßnahmen wurden erneut im Oktober 1961 durchgeführt. Einzufügen ist in diesem Zusammenhang, dass es im Vorfeld dieses Gesamtgeschehens Vorkommnisse gegeben hatte, in deren Verlauf Bauern aus dem grenznahen Raum unter Mitnahme ihres Großviehbestandes sowie landwirtschaftlicher Geräte und Maschinen die Republik illegal verlassen hatten und damit der sich entwickelnden Volkswirtschaft erheblichen ökonomischen Schaden zufügten. Unter diesem Gesichtspunkt betrachtet, erschienen die Maßnahmen als gerechtfertigt und legitim.

Ungeachtet dessen ging die Gesamtentwicklung der politischen Verhältnisse weiter und brachte weit höhere Anforderungen mit sich. Ich war inzwischen zum Stabschef einer der zur Grenzbereitschaft gehörenden Kommandanturen aufgerückt und damit höherer Verantwortlichkeit unterworfen. Die Aufgaben bestanden außer der Führung des Stabs darin, den unterstellten Grenzkommandos Hilfe und Anleitung zur Durchsetzung der erteilten Befehle und Anordnungen zu gewährleisten. Dazu gehörte auch die Abstimmung des täglichen Posteinsatzes mit der im Grenzabschnitt stationierten Sicherungskompanie der russischen Besatzungsmacht. Dies geschah unter Mitwirkung eines Dolmetschers aus dem eigenen Personalbestand mit der Zielstellung, dass Zusammenwirken der Grenzposten in bestimmten Lagesituationen zu gewährleisten sowie ein Überschneiden der Postenbereiche zu vermeiden. Der Einsatz der russischen Posten erfolgte ohnehin nur in ausgewählten Richtungen bzw. Schwerpunkten. In diesem Zusammenhang ist mir ein Vorkommnis in besonderer Erinnerung geblieben. Als ich eines Tages wieder einmal zur täglichen Absprache erschien – wir waren uns inzwischen auch persönlich näher gekommen – sagte mein russischer Kampfgefährte Gregorie zu mir: „Du hast vielleicht so Grenzposten im Einsatz. Als ich gestern meine Grenzposten kontrollierte, habe ich im Abschnitt XY ein Postenpaar von dir schlafend angetroffen." Ich war von dieser Mitteilung betroffen und beschämt und murmelte nur ein verlegenes „Das-wird-wohl-deinem-Posten-auch-passieren". Ich erhielt darauf die entschiedene Antwort: „Meine Posten schlafen nie. Merk' dir das."

Einige Zeit danach führten wir eine gemeinsame Postenkontrolle durch und, siehe da, fanden wir in der Nachmittagssonne ein russisches Postenpaar friedlich schlummernd vor. Ich zeigte nur stumm auf die beiden Schläfer und konnte mich wohl eines schadenfrohen Grinsens nicht erwehren. Gregorie bückte sich nur, nahm eine der am Boden liegenden MPIs hoch, lud durch und gab einen langen Feuerstoß in die Luft ab. Die beiden „Sünder" standen sofort wie eine „Eins" vor ihm und erstatteten Meldung.

„Na siehst du", sagte Gregorie zur mir, „meine Posten schlafen nie." Es ist aber sicher, dass die Beiden im Nachhinein einer entsprechenden Disziplinarmaßnahme entgegen sahen, denn die russischen Disziplinarbestimmungen waren weit strenger als bei uns. Zu solchen Vorkommnissen sowie zur Zusammenarbeit überhaupt ist es dann später nicht mehr gekommen, da der DDR die Souveränität zugesprochen und sie damit eigenständig für die Sicherung der Staatsgrenze verantwortlich wurde. Die Sicherung der Staatsgrenze erfolgte dann auf der Grundlage präzisierter Dienstvorschriften, Anordnungen und Befehle. In den Grenzkommandos, den späteren Kompanien, erfolgte eine tägliche Entschlussfassung zum Einsatz der Grenzposten durch den Kommandoleiter/ Kompaniechef. In der Regel wurde zwischen normaler und verstärkter Grenzsicherung unterschieden. Später kamen noch die Bestimmungen für die gefechtsmäßige Grenzsicherung hinzu. Normale Grenzsicherung erfolgte täglich rund um die Uhr unter Einsatz verschiedener Postenarten, die in der Regel aus Postenführer und einem Posten bestanden. Für die verschiedenen Postenarten, z. B. Grenzstreife, Beobachtungsposten, Sicherungsposten u. a., galten konkrete Einsatzgrundsätze, die strikt einzuhalten waren. Verstöße gegen die Postenordnung wurden, wie es in militärischen Einheiten üblich ist, disziplinarisch geahndet; vorbildliche Leistungen ausdrücklich belobigt. Verstärkte Grenzsicherung erfolgte bei Bekanntwerden von Fakten bevorstehender Grenzverletzungen, durch Auslösen von Signalanlagen im Grenzabschnitt sowie zu besonderen Anlässen, z. B. Staatsfeiertagen oder gesamtpolitisch brisanten Situationen. Im Verlauf meiner mehr als 30-jährigen Dienstzeit, davon über 20 Jahre in den Grenztruppen, war ich verständlicherweise in viele politische und gesellschaftliche Ereignisse einbezogen, die von mir, außer den dienstlich vorgegebenen Befehlen und Weisungen, auch persönliche Entscheidungen abverlangten.

Dies traf erstmals auf den 17. Juni 1953 zu. Ich beziehe mich zunächst auf die damals verbindlich festgelegte Version, dass der 17. Juni 1953 der Tag eines konterrevolutionären Putschversuches war, den es niederzuschlagen galt. Fakt ist, dass er zum Teil aufgrund gegebener innerer Widersprüche, die sich langfristig angestaut hatten, zustande kam. Sie bestanden in ernsthaften Fehlern der Partei- und Staatsführung, die auf allen Ebenen des gesellschaftlichen Lebens begangen wurden und zu den Streiks der Bauarbeiter in der „Stalinallee" führten.

Diese Aktionen wurden sehr schnell vom RIAS und vom SFB sowie dem Ostbüro der SPD und anderen DDR-feindlichen Stellen aufgegriffen mit der Forderung, die Streiks zu Protesten und zum gewaltsamen Widerstand auszuweiten. Verbunden wurden sie mit der organisierten Einschleusung von Störkräften.

Die von Partei und Regierung angestrebte Politik des „Neuen Kurses" war in ihrem Grundanliegen sicher richtig, kam aber nicht zum Tragen, da sie eben nur von „Oben" angeordnet war, vorher aber nicht demokratisch beraten wurde. In den Parteiorganisationen kam es kaum zu offenen, kritischen Auseinandersetzungen mit der gegebenen Situation, weil keiner in den Verdacht geraten wollte, „schief zu liegen" und Fehlerdiskussionen von vornherein unterbunden wurden.

Damals richtig zu erkennen, zu entscheiden und zu handeln, ist sehr schwer gewesen. Es fehlte an persönlichen Einsichten und Erkenntnissen, auch am Fehlen erforderlicher Ansprechpartner zur Orientierung auf andere Wege und Möglichkeiten der gesellschaftlichen Entwicklung. Ich erinnere mich, dass es einige Zeit vorher, im Jahre 1946, in der Parteiführung Bestrebungen gab, die eine andere Richtung der politischen, gesellschaftlichen Entwicklung vorsahen. Sie wurden führend von Anton Ackermann (A. A.), einem hervorragenden Politiker der kommunistischen Partei, vertreten. Die Grundidee bestand darin, einen besonderen deutschen Weg zum Sozialismus zu beschreiten, besonders das sowjetische Sozialismusmodell nicht zu übernehmen, gesellschaftliche Veränderungen nicht wie 1917 in Russland mittels Gewalt herbeizuführen, sondern auf friedlichem Weg über eine parlamentarische, demokratische Republik in den Sozialismus hineinzuwachsen. Es sollten die Besonderheiten der historischen Entwicklung des Deutschen Volkes, seine politischen und nationalen Eigenheiten und die Besonderheiten seiner Wirtschaft und Kultur berücksichtigt werden.

Leider war diesen Thesen kein langes Leben beschieden. Beeinflusst durch Stalin durften keine „Sonderwege" in den sozialistischen Bruderländern zugelassen werden. So musste A. A. 1948 seine Auffassungen widerrufen. Es besteht kein Zweifel, dass es bei Durchsetzung dieser Linie zu einer völlig anderen Entwicklung gekommen wäre und es wahrscheinlich keinen 17. Juni 1953 gegeben hätte. Es hat ihn aber gegeben mit allen seinen vielseitigen Auswirkungen, die er mitsichbrachte. So gesehen war der17. Juni 1953 der erste ernsthafte Versuch, die DDR zu zerschlagen und, aus heutiger Sicht, eine Keimzelle ihres Scheiterns.

Vom heutigen Standpunkt aus ergibt sich die Feststellung, dass die unterschiedlichen bisherigen Betrachtungsweisen der Ereignisse um den 17. Juni 1953 unzutreffend sind. Es war weder ein „Arbeiteraufstand", schon gar kein „Volksaufstand" gegen das „kommunistische Regime", noch ein abgewehrter faschistischer Putsch. Vielmehr handelte es sich um einen politischen Massenprotest, der sich zu den aus dieser Lage entwickelnden Streikhandlungen ausweitete und im sich ergebenden Durcheinander zu Randalen und Gewalttätigkeiten führte. Diese wurden letztlich durch die hetzerische Berichterstattung des RIAS verstärkt. Fakt ist, dass sich an den Protestaktionen mehrere hunderttausend Menschen beteiligten und in den Monaten Januar bis Juni 1953 weit über 12 000 Bürgerinnen und Bürger die DDR verlassen hatten. Der von westlicher Seite propagierte Generalstreik blieb jedoch aus. Fakt ist aber auch, dass die meisten DDR-Bürger an ihren Arbeitsplätzen, in den Schulen und Hörsälen verblieben.

Viele übernahmen freiwillig zusätzliche Aufgaben zum Schutz gemeinsamer, nach dem Krieg geschaffener, Werte. Zu erkennen ist jedoch, dass die DDR-Führung 1953 große Unentschlossenheit zeigte und die Eskalation der Ereignisse nicht verhindern konnte sowie nicht bereit war einzugestehen, dass teilweise die Interessen der Bevölkerungsgruppen missachtet und über die Köpfe der Menschen hinweg regiert wurde, die Probleme nur administrativ, eben „von oben", ohne demokratischen Einfluss der Bürger lösen wollte.

Anfang des Jahres 1954 wurde ich zu einem Qualifizierungslehrgang an die Offiziersschule der Deutschen Grenzpolizei nach Sondershausen/Thüringen kommandiert. Die Schule selbst diente der Heranbildung von Offiziersnachwuchs, der sich aus dem Unterführerbestand aller Grenzeinheiten rekrutierte, um nach 3-jähriger Ausbildung als Offiziere, in der Regel als Zugführer, in ihre Einheiten zurückversetzt zu werden. Der Lehrgang, zu dem ich kommandiert worden war, setzte sich aus Offizieren aller Kommandoebenen, verschiedener Dienststellungen bzw. bereits erworbener Dienstgrade zusammen. Das führte zu hohen physischen Belastungen, die aber, wenn auch mit Anstrengungen, erfüllt wurden. Der Lehrplan bestand aus verschiedenen Ausbildungsfächern wie Taktik, Topographie, Waffen- und Schießausbildung, Sport und natürlich auch politischer Schulung. Alles in allem wurden die vorhandenen Grundkenntnisse spürbar erweitert und bildeten eine solide Grundlage für die spätere Dienstdurchführung. Zur Grenzbereitschaft zurückversetzt war ich erneut im operativen Bereich „Grenzsicherung" tätig. Die Dienstpflichten bewegten sich in der Zuarbeit für die monatliche Entschlussfassung zur Grenzsicherung, in Kontroll-

und Anleitungsmaßnahmen der unterstellten Grenzeinheiten sowie in der Untersuchung besonderer Vorkommnisse im Grenzgebiet, wie Grenzdurchbrüche und provokatorische Handlungen seitens der westlichen Sicherheitsorgane bzw. von Zivilpersonen. Diese Aufgaben erforderten hohe persönliche Einsatzbereitschaft, auch über die „normale" Dienstzeit hinaus, so dass für persönliche Bedürfnisse wenig Raum blieb. Ich hatte inzwischen meine zweite Ehe geschlossen und wohnte am Standort Salzwedel. Meine zweite Ehefrau hatte ich während meines Schulbesuches in Arnsdorf kennengelernt. Aus dieser Beziehung war ein Sohn hervorgegangen; ein zweiter und eine Tochter folgten später noch nach. So begann ein jahreslanges Grenzerdasein mit all seinen Schwierigkeiten und familiären Belastungen.

An einem Vormittag im März 1955 hieß es: „Genosse Oberleutnant, sofort beim Kommandeur melden!"

„Was? Ich? Wieso?"

– Gedankenrapport –

Alle Aufgaben erledigt? Eigentlich alles klar. Also rein in „die Höhle des Löwen".

„Genosse Kommandeur, melde mich befehlsgemäß zur Stelle."

„Nehmen Sie Platz, Genosse Oberleutnant."

Komisch, denke ich, das sagt er doch sonst nicht.

„Also, um keine Zeit zu verlieren, Sie sollen zum Schulbesuch in die UdSSR nach Moskau delegiert werden. Entscheidung – sofort."

„Genosse Kommandeur, ich denke, ich möchte schon. Aber ohne Absprache mit der Familie ist eine solche Sofortentscheidung nicht zu treffen."

„Ist doch selbstverständlich. Also, sofort nach Hause, alles klären. Heute Mittag erwarte ich Ihre Meldung."

Ein paar Stunden später.

„Genosse Kommandeur, ich melde meine Bereitschaft zum Schulbesuch."

„In Ordnung, habe es auch nicht anders erwartet." Wenn du wüsstest, denke ich, wie schwer es war, die Ehefrau von der Notwendigkeit dieses Schulbesuches zu überzeugen und ihr Einverständnis zu erwirken, zumal anfangs feststand, dass es während des einjährigen Schulbesuchs keinen Urlaub geben sollte.

Dies wurde zwar später korrigiert, indem es dann doch noch 14 Tage Urlaub gab. Dies änderte aber nichts an den familiären Erschwernissen, die damit verbunden waren. Sie wurden ein wenig gemildert durch den Umstand, dass die Dienstbezüge weiter gezahlt, die zustehenden Lebensmittelkarten für mich weiterhin ausgegeben und der Familie im Bedarfsfall Hilfe und Unterstützung zugesagt wurde.

Alles gelaufen, ich gehöre zu den ersten 15 Grenzern, denen die Anerkennung zuteil wird, einen solchen Schulbesuch zu absolvieren. Die größten Schwierigkeiten für uns alle waren die Unkenntnisse der russischen Sprache. Das Kommando der Deutschen Grenzpolizei half durch den Besuch eines Sprachlehrgangs in Potsdam. Keiner wusste, wie viel Zeit uns dafür zur Verfügung stand. Es wurden ca. zehn Wochen daraus.

Dann kam der Kommandierungsbefehl. Ende November 1955 trafen wir in Moskau ein. Am Institut der Grenztruppen der UdSSR „Feliks Dzierzynski" werden wir nunmehr gemeinsam mit sowjetischen, polnischen, tschechischen, bulgarischen, ungarischen und albanischen Grenzern, nach Nationalitäten getrennt, lernen, was eine wirksame Grenzsicherung erfordert und bedeutet. Unsere Lehrer, an den Grenzen der UdSSR, besonders aber im großen vaterländischen Krieg bewährte Offiziere, übermittelten uns uneigennützig ihre Kenntnisse und Erfahrungen, die wir uns fleißig anzueignen bemühten.

Ich habe später viel davon profitiert und in die Praxis umsetzen können.

In dieses, für uns sehr bedeutsame Jahr, traten jedoch auch einige Erkenntnisse bzw. Erfahrungen, mit denen wir vorher niemals gerechnet hatten, ein. Es begann gleich nach der Ankunft in Moskau mit der allgemeinen Einweisung seitens des Institutleiters, einem Generalmajor. Wir nannten ihn nur „Kolja". Er erklärte uns allgemeine Verhaltensregeln beim Aufenthalt in der Öffentlichkeit. Bei unserem bewilligten Ausgang außer Dienst, der uns zugebilligt wurde – er erfolgte nur in Zivil – sollten wir tunlichst einige bestimmt Stadtteile meiden, da dort unsichere Zustände herrschten und Konfrontationen mit kriminellen Kräften zu erwarten wären. Das trübte selbstverständlich die Vorstellungen vom „Großen Bruder", der ja dem Vernehmen nach in allen gesellschaftlichen Bereichen Vorbild sein sollte. Zu irgendwelchen negativen Vorkommnissen ist es während unseres Aufenthaltes in Moskau dann nicht gekommen, aber die Möglichkeit, dass etwas passieren konnte, schockierte uns doch. Eine zweite, weitaus wichtigere, Erkenntnis war die 1956 zunehmende Kritik an der Politik J. W. Stalins, dem terroristische, menschenunwürdige Handlungen an der Zivilbevölkerung angelastet wurden. Angeführt wurde diese Kritik von N. Chruschtschow, auf dessen Betreiben die Ablösung des „Stalinismus" vorgenommen und durch das System der „kollektiven Führung" ersetzt wurde.

Der Lehrgang brachte auch schöne Erlebnisse mit sich. Dies war zum Einen der Jahreswechsel 1955/ 56, den wir in echter Waffenbrüderschaft mit allen Lehrgangsteilnehmern verbrachten, verbunden mit der gegenseitigen Zusicherung, immer im Sinne unserer gemeinsamen sozialistischen Sache handeln zu wollen. Das zweite Erlebnis verband sich mit einer Exkursion, die wir nach Abschluss der theoretischen Ausbildung an die sowjetisch-finnische Staatsgrenze unternahmen. Wir nahmen dort an der Erarbeitung eines Entschlusses für die Grenzsicherung, beginnend in einer Grenzkompanie, über den Bataillons- und Regimentsstab teil. Dazu gehörte auch die Fahrt mit einem Küstensicherungsboot – die Einheit hatte die Land- und Seegrenze zu sichern – in den nahen Küstenbereich.

Nach Beendigung der Exkursion wurden wir immer zu zweit bei einer sowjetischen Offiziersfamilie geladen. Dies verlief in der bekannten russischen Mentalität, Gästen immer nur das Beste zu bieten. Das beeindruckte uns besonders, da die Gastgeber im Prinzip keine Veranlassung hatten, uns mit besonderer Freundlichkeit zu bedenken, indem sie im Krieg durch die „Deutschen" schmerzhafte Verluste in ihren Familien hinnehmen mussten bzw. unter Repressalien gelitten hatten. Aber, es setzte sich wohl die Erkenntnis durch, dass es auch andere „Deutsche" gab, deren Bemühen darin bestand, Geschehenes wieder gut zu machen und gemeinsam für eine bessere Zukunft zu arbeiten. Anfang Dezember 1956 kehrten wir dann, mit neuem theoretischen Wissen und praktischen Erkenntnissen beladen, in die Heimat zurück bestrebt mit dem festen Vorsatz, dass Erlernte in die Praxis umzusetzen, was dann im Wesentlichen auch gelang. In das Jahr 1956 fielen zwei politische Ereignisse, die enorme Bedeutung hatten.

Das erste war der im Oktober 1956 durchgeführte konterrevolutionäre Putsch in Ungarn. Wir befanden uns zu diesem Zeitpunkt noch in Moskau, bekamen daher nur wenige Informationen über die abgelaufenen Ereignisse. Sie bestanden im Grunde nur aus Zeitungsveröffentlichungen, die wir im Nachhinein durch Zusendung des „Neuen Deutschlands" erhielten. Andere Informationsquellen gab es nicht. Erkennbar war lediglich, dass der Gesamtverlauf die Auswirkungen des 17. Juni 1953 in der DDR wesentlich überstiegen hatte, so dass das Eingreifen der Sowjetarmee gerechtfertigt erschien. Belastend für uns kam hinzu, dass unsere ungarischen Lehrgangsteilnehmer zurückbeordert wurden und, allerdings unbestätigten Informationen zufolge, nach der Rückkehr nach Ungarn von den konterrevolutionären Kräften liquidiert worden waren.

Das zweite wichtige Ereignis war die Festlegung, dass mit Wirkung vom 1.12.1955, der Deutschen Grenzpolizei die alleinige Sicherung und Kontrolle an der Staatsgrenze der DDR sowie am Ring von Berlin voll verantwortlich übertragen wurde. Dies basierte auf der Grundlage des „Vertrages über die Beziehungen zwischen der DDR und der UdSSR" (Staatsvertrag), der am 20.9.1955 in Moskau unterzeichnet wurde. Der 1.12.1955 wurde damit zum Tag der Deutschen Grenzpolizei erhoben. Der Dienst an den Grenzen der DDR und am Ring um Berlin erfolgte ab diesem Zeitpunkt auf der Grundlage verfassungsmäßiger Bestimmungen sowie der

Modifizierung aller bis dahin gültigen Dienstvorschriften zur Organisation des Grenzdienstes.

Einige Zeit nach der Rückkehr vom Sonderlehrgang in Moskau erfolgte die Umstrukturierung der Deutschen Grenzpolizei: die Kommandanturen wurden zu Abteilungsstäben umformiert. Die Grenzbereitschaftsstäbe blieben im Wesentlichen in ihren Strukturen erhalten, wurden jedoch übergeordneten Brigadestäben unterstellt. Als zentrales Führungsorgan fungierte das Kommando der Deutschen Grenzpolizei (DGP) in Pätz, Kreis Königswusterhausen. Insgesamt unterstand die DGP dem Ministerium des Inneren. Im Zuge dieser Umformierung wurden in den Grenzbereitschaften Reservegrenzabteilungen geschaffen.

Ich selbst wurde in der Grenzbereitschaft Salzwedel zum Kommandeur der Reservegrenzabteilung ernannt. Die Aufgaben dieser Reserveabteilungen bestanden in der Aus- und Heranbildung periodisch einberufener Bewerber für die DGP für den Einsatz zur verstärkten Grenzsicherung bei besonderen Lagesituationen sowie bei der Herauslösung von Grenzkompanien aus dem Grenzdienst, um diese konzentrierten Ausbildungsmaßnahmen zu zuführen. Der Dienst in der DGP war zu diesem Zeitpunkt noch freiwillig. Die Dienstzeit betrug für Mannschaftsdienstgrade drei Jahre, für Unterführer fünf Jahre und länger, für Offiziere grundsätzlich 25 Jahre. Am 15.9.1961 wurde die DGP aus dem Bestand des MDI herausgelöst und dem Ministerium für Nationale Verteidigung unterstellt.

In diesem Zusammenhang wurden die Grenzabteilungen zu Bataillonen, die Grenzbereitschaften zu Grenzregimenten umformiert.

Die Reserveabteilungen wurden aufgelöst und durch Grenzaus-
bildungsregimenter im jeweiligen Verantwortungsbereich einer/
s Grenzbrigade/ Grenzkommandos ersetzt (GAR-5 Glöwen,
GAR-7 Halberstadt, GAR-11 Eisenach und GAR-12 Dittrichs-
mühle/ Johanngeorgenstadt). Diese Abteilungstruppenteile
wurden, nach der Umstrukturierung 1971 in die Grenzkommandos NORD/ SÜD und MITTE, beibehalten. Lediglich
die Berliner Grenzsicherungskräfte und die GAR gehörten vom
September 1961 bis April 1971 zur Stadtkommandantur, danach wieder zum Kommando der Grenztruppen. Eine Besonderheit ergab sich noch darin, dass der Dienst in den
Grenztruppen nicht mehr freiwillig war, sondern durch die Wehr-
gesetzgebung für Soldaten auf 18 Monate reduziert wurde. Es
wurde auch nicht „jeder" Wehrpflichtige für die Grenztruppen
gemustert; die Auswahl erfolgte nach strengen Kriterien, was
sich in der späteren Dienstdurchführung bewährte.

Die sechziger Jahre brachten weitere komplizierte politische
Situationen mit sich, die die Nachkriegssituation nachhaltig
beeinflussten. Es handelte sich dabei erstens um die sogenannte „Kubakrise", die sich aus dem 1961 in der Schweine-
bucht gescheiterten Interventionsversuch seitens der USA
ergab. Die USA ließen Kuba nicht zur Ruhe kommen, mo-
bilisierten erhebliche Reserven der Land- und Seestreitkräfte
mit dem Ziel, eine Aggression gegen Kuba zu führen. Als
„Antwort" darauf entschloss sich die UdSSR-Regierung weit-
ragende ballistische Raketen auf Kuba zu stationieren, die
eindeutig auf die USA gerichtet waren. Die Welt kam damit
der Möglichkeit eines III. Weltkrieges näher als je zuvor.

Diese Krisensituation wirkte sich nachhaltig auf die in der
DDR stationierten Streitkräfte der UdSSR, die NVA und

somit auch auf die Grenztruppen aus, da alle Truppenteile langfristig in erhöhte Gefechtsbereitschaft versetzt wurden, weil militärische Auseinandersetzungen mit der NATO, die sich im gleichen Zustand befand, nicht auszuschließen waren. Durch einsichtige Verhandlungen zwischen der UdSSR und den USA im Oktober 1962 kam es dann zur Rücknahme aller Maßnahmen auf beiden Seiten und somit zur Beendigung der heraufbeschworenen Krise. Nicht zuletzt waren diese Regelungen der einsichtigen Politik Chruschtschows zu verdanken, da er für eine Politik der friedlichen Koexistenz eintrat.

Das zweite in diesen Zeitraum fallende, besonders politische Ereignis war das Zustandekommen der konterrevolutionären Handlungen in der ČSSR („Prager Frühling"), die im August 1968 durch Gruppen der Warschauer Vertragsstaaten beendet wurden. Diese Ereignisse stimmten mich erstmals nachdenklich, da die in den Jahren vorher geschehenen Ereignissen in der DDR und Ungarn aus ähnlichen Ursachen resultierten. Es stellte sich die Frage, ob hier Richtiges geschieht. Die Zweifel wurden gemildert durch den Umstand, dass, entgegen anders lautender Behauptungen, die NVA an den Handlungen nicht unmittelbar beteiligt war. Die stand gewissermaßen „Gewehr bei Fuß" bereit, im Bedarfsfall wirksam zu werden.

Die Grenztruppen der DDR waren an allem nur indirekt beteiligt, da aus ihrem Bestand die 12. Grenzbrigade formiert und an der Staatsgrenze zur ČSSR feldmäßig disloziert wurde. In dieser prekären Situation überschritt kein Angehöriger der Grenztruppe die Staatsgrenze zur ČSSR. Eine grundlegende Diskussion über Ursachen, Zusammenhänge,

Auswirkungen und Alternativen war nicht gegeben bzw. zugelassen und damit wurde nur der „konterrevolutionären Version" Raum gelassen.

Das Hauptereignis jedoch, das den bereits Geschilderten vorausging, war der 13.8.1961. Die internationale politische Situation hatte sich erheblich zugespitzt. Vorschläge der Sowjetunion und der anderen sozialistischen Staaten zur Regelung der unormalen Lage in Berlin/West wurden ignoriert und zum Teil mit offener Gewaltandrohung beantwortet. Die nicht zu leugnende, wirtschaftliche, „Ausblutung" der DDR hatte bis dahin ein riesiges Ausmaß erreicht.

Die bis zum 13.8.1961 bestehende offene Grenze zwischen Berlin/Ost und Berlin/West sowie der freie Personenverkehr hatten keinen Einfluss auf die Regierung der BRD zur Schaffung friedlicher, normaler Beziehungen zwischen beiden deutschen Staaten. Der „Mauerbau" in Berlin war ein mit Sicherheit länger vorher ausgedachter Plan der DDR-Führung, allerdings vor der Weltöffentlichkeit durch Walter Ulbricht vehement dementiert, bis er dann doch Wirklichkeit wurde. Es ging auch nicht nur um die Sicherung der Zugänge in und um Berlin, sondern auch um die Sicherung der Staatsgrenze der DDR zur BRD.

Über den Mauerbau in Berlin hatte ich keinen persönlichen Einblick, kann mich daher nur auf die Staatsgrenze West beziehen, wo die geplanten Maßnahmen analog verlaufen sind. Bereits im Mai 1952 hatte die Regierung der DDR auf der Grundlage einer Forderung der SMAD (Sowjetische Militäradministration in Deutschland) die Einführung einer Grenzordnung im Sinne des sowjetischen Grenzsicherungsmodells erlassen. Sie beinhaltete die Anlegung eines 10-Meter-Kontrollstreifens an der unmittelbaren Grenzlinie, die Festlegung eines 500-Meter-Schutzstreifens und die Schaffung eines 5-Kilometer-Sperrgebietes.

Als Grundregel galt, dass Personen, die außerhalb des Sperrgebietes wohnten und aus beruflichen oder persönlichen Gründen einreisen wollten, dazu einen Passierschein benötigten, der auf Antrag bei den örtlichen Polizeidienststellen, nach Prüfung der Notwendigkeit, ausgestellt wurde. Dem lagen strenge Kriterien zu Grunde und die Ausstellung wurde in nicht wenigen Fällen verworfen. Im Sperrgebiet wohnhafte Personen erhielten in ihrem Personalausweis einen Eintrag, der zum Aufenthalt im Sperrgebiet legitimierte. Das Sperrgebiet sowie der in ihm befindliche Schutzstreifen wurden durch entsprechende Hinweisschilder für Jedermann sichtbar markiert, so dass ein irrtümlicher Aufenthalt von vornherein ausgeschlossen war. Darüber hinaus wurden die Zugänge an den Hauptzufahrtsstraßen bzw. Wegen durch bewegliche Schlagbäume gesperrt und mit Kontrollposten der DVP besetzt. Nebenwege wurden durch starre Schlagbäume bzw. Aufrisse gesichert. Hinzu kam nach dem 13.8.1961 der schrittweise erweiterte, sicherungstechnische, Ausbau der Staatsgrenze, der sich von der Grenzlinie nach hinten auf den 10-Meter-Kontrollstreifen, mit Drahtzaun, zum Teil Sperrgräben, Signalzaun und letztlich teilweise vorn angelegter Minensperren aufbaute. Die durch Minen gesperrten Abschnitte waren beiderseits mit einem 2 m hohen Begrenzungszaun sowie durch sichtbare Warnschilder gekennzeichnet.

Unter diesen Umständen war ein illegales Überschreiten der Staatsgrenze theoretisch unmöglich. Wenn solche Vorkommnisse dennoch zustandekamen, konnte dies nur durch zielstrebig geplante und vorbereitete Handlungen möglich sein. Diese bestanden in der Regel aus vorangegangenen intensiven Beobachtungen und Aufklärungen des geplanten Durchbruchsabschnittes unter Zuhilfenahme von topographischem Kartenmaterial, Kompassen, Ferngläsern sowie geschickt eingeholter Informationen über die Grenzbevölkerung. Da jedem bekannt war, wie die Staatsgrenze sperrmäßig gesichert wurde, führte man Werkzeuge aller Art, wie Spaten, Äxte und Drahtscheren mit; in extremen Fällen nutzte man sogar schwere Technik wie LKWs, Traktoren und Straßenbaugeräte aus.

Nicht unerwähnt bleiben darf, dass Grenzverletzer beim Versuch, die Staatsgrenze zu überwinden, für den Fall der Konfrontation mit Grenzsicherungskräften Schlag- Hieb- und Stichwaffen, in Einzelfällen auch Schusswaffen, mitsichführten, die sie auch anzuwenden entschlossen waren. Der Tod von 25 ermordeten Grenzpolizisten/Grenzsoldaten in allen Jahren sind der sichtbare Beweis dafür. Leider ist dabei anzumerken, dass der Schusswaffengebrauch gegen Grenzsicherungskräfte nicht nur durch Grenzverletzer schlechthin, sondern auch von Angehörigen der NVA bzw. der Grenztruppen erfolgte, um ihre geplante Fahnenflucht realisieren zu können. Sie hatten keine Hemmungen zu morden, weil sie danach davon ausgehen konnten, dass eine Auslieferung an die DDR nicht erfolgen würde, dass eine Strafverfolgung in der BRD bzw. Westberlin keine ernsthaften Konsequenzen haben und sie als „politische Flüchtlinge" oder gar „Freiheitskämpfer" anerkannt und gefeiert würden. In diesem Zusammenhang ist es notwendig, sich über das seit der Wende am heftigsten diskutierte Thema „Schusswaffengebrauch und Minenverlegung" zu äußern.

Es ist Tatsache, dass es im Verlaufe der Jahre in zahlreichen Fällen seitens der eingesetzten Grenzsicherungskräfte zum Schusswaffengebrauch kam, wobei es leider auch zu Verletzungen bzw. Todesfällen gekommen ist. Dennoch ist festzustellen, dass es nie einen wörtlichen Schießbefehl gab, der die Grenztruppen zum rücksichtslosen Gebrauch der Schusswaffe verpflichtete, wie es in der Regel interpretiert wird. Richtig ist, dass der Gebrauch der Schusswaffe während des Grenzdienstes befehlsmäßig reglementiert war. Dem zu Grunde lagen konkrete Dienstvorschriften, d. h. Schusswaffengebrauchsbestimmungen, wie sie letztendlich in allen bewaffneten Formationen der Welt vorhanden sind. Auf die Grenzsicherungskräfte der DDR bezogen, ergaben sich im Verlaufe der Entwicklung erforderliche Präzisierungen dieser Vorschriften auf der Grundlage dazu erlassener gesetzlicher Bestimmungen.

Die ersten Schusswaffengebrauchsbestimmungen der DGP gehen auf Weisungen der Befehlshaber der Sowjetarmee in den Ländern (SMAD) zurück und wurden in der Folgezeit ergänzt. Als Grundregel galt, dass der Schusswaffengebrauch nur das letzte, äußerste Mittel der Gewaltanwendung gegenüber Personen und nur statthaft war, wenn alle anderen Mittel nicht zum Erfolg führten. In jedem Fall hatte ein Anruf mit der Aufforderung, stehen zu bleiben, zu erfolgen; bei Nichtbefolgung musste ein Warnschuss abgegeben werden. Die Anwendung der Schusswaffe war untersagt gegenüber Kindern , offensichtlich schwangeren Frauen, Angehörigen ausländischer Militärvertretungen und diplomatischen Personen sowie gegen Luftziele. Die Anwendung der Schusswaffe durfte nie in Richtung BRD, sondern nur parallel zur Staatsgrenze oder in Richtung DDR erfolgen. Die Grenzposten wurden darüber in Dienstvorbereitung täglich belehrt. Daraus ergibt sich, dass die Schusswaffengebrauchsbestimmungen geltendes Recht waren. Es hat nicht gegen Völkerrecht verstoßen und war demzufolge legitim. Die in diesem Zusammenhang den Grenztruppen angelasteten, „bewussten" vorsätzlichen" Tötungsdelikte sind deshalb irreal und nicht nachvollziehbar. Ebenso irreal ist die Bezeichnung des 500-Meter-Schutzstreifens als „Todesstreifen", wie es fälschlicherweise dargestellt wird. In ihm befanden sich immerhin weit über 50 Ortschaften mit mehreren 10 000 Bewohnern, Betrieben und Anlagen, in denen, mit Genehmigung der zuständigen Kommandeure, gearbeitet wurde. Im 5-Kilometer-Sperrgebiet war der Anteil der Bewohner, Betriebe und LPGs noch wesentlich größer.

Im September 1961 wurde mit der Verminung von Abschnitten der Staatsgrenze begonnen. Dem zu Grunde lag ein Brief von Marschall Konjew an den MfNV der DDR, Armeegeneral Heinz Hoffmann, mit der Bitte, insbesondere in gefährdeten Richtungen an der Staatsgrenze zur BRD Minensperren zu errichten. Dieser Brief bzw. diese Bitte wurden sicher als Befehle verstanden und auch so behandelt. Als Mitglied des Warschauer Vertrages hatte die DDR keine Möglichkeiten, anders zu entscheiden und war somit in ihrer Souveränität eingeschränkt. Es stellt sich immer wieder die Frage, weshalb diese Maßnahmen überhaupt erforderlich waren. Die politische Entwicklung, wie sie sich am Anfang der Sechziger Jahre und später ergab, führte in immer stärkerem Maße zu einem Konfrontationskurs zwischen beiden

Weltsystemen, die Möglichkeiten kriegerischer Auswirkungen in sich bargen. Die Warschauer Vertragsstaaten gingen in ihrer militärischen Planung davon aus, dass sich Aggressionshandlungen des Gegners, u. a. aus Manöverhandlungen der NATO-Truppen, die sich in vielen Fällen bis an die unmittelbare Grenznähe der BRD zur DDR erstreckten, ergeben könnten. Die Truppenteile der Sowjetarmee, der NVA und der Grenztruppen befanden sich dann immer in erhöhter Gefechtsbereitschaft, um allen Handlungen des Gegners zielstrebig entgegenwirken zu können. So gesehen, waren alle eingeleiteten Maßnahmen folgerichtig und rechtens.

Im Sommer 1967 wurde mit der Markierung der Staatsgrenze zwischen der DDR und der BRD begonnen. Das heißt, es wurden auf der Grenzlinie in festgelegten Abständen Grenzsteine gesetzt und Grenzsäulen installiert. Dies erfolgte auf der Grundlage konkreter Planungen, topographischer Karten und z. T. Katasteramtsunterlagen, um den exakten Grenzverlauf präzisieren zu können. In einigen Fällen vorhandene Unklarheiten wurden nach Abschluss des Grundlagenvertrages 1973–1975 in Verantwortlichkeit der gemeinsamen Grenzkommission DDR-BRD bereinigt. Im Verlaufe des Jahres 1969 erfolgte der Abschluss der Grenzmarkierung, indem an den Grenzsäulen auf DDR-Seite laufende Nummern, auf BRD-Seite Staatsembleme der DDR, angebracht wurden. Mit Abschluss dieser Maßnahmen war ein sichtbares Symbol der Souveränität der DDR geschaffen. In diesen Zeitraum hinein fiel meine Ernennung zum Regimentskommandeur. Sie bedeutete für mich die Erreichung der höchstmöglichen Dienststellung in meiner militärischen Laufbahn und damit verbunden die Übernahme vielseitiger Verantwor-

tung gegenüber unterstellten Offizieren, Unterführern, Grenz-
soldaten sowie Zivilbeschäftigten, der ich immer gerecht zu
werden bemüht war.

Die sich zuspitzenden, politisch ideologischen Gegensätze
zwischen den beiden Gesellschaftssystemen ergaben die Notwendigkeit festzulegen, wie die Grenzsicherung im Falle einer militärischen Konfrontation gestaltet werden müsse. Dazu
wurde als höchste Form der Grenzsicherung die Sicherung
der Staatsgrenze im Verteidigungsfall auf die militärische Kurz-
formel „gefechtsmäßige Sicherung der Staatsgrenze" festgelegt. Verallgemeinert dargelegt, beinhaltete sie den Übergang
der Stäbe und Einheiten zur Sicherung wichtiger Abschnitte,
Objekte und Einrichtungen sowie Deckungsaufgaben zur Be-
reitstellung der Verbände der NVA und Sowjetarmee. Ferner
bezog sich dies auf Handlungen gegen Vorauskräfte, einge-
schleuster Diversanten, Spionage- und Sabotagekräfte und
evtl. gegen einzeln abgesetzte Fallschirmkräfte des Gegners.
Die nur allgemeine Infanteriebewaffnung der Grenzeinheiten – also keine schweren Waffen – ließen auch keine anderen Handlungen zu. Den Grenzeinheiten war fernerhin zu-
gedacht, die Staatsgrenze der DDR nach Überschreiten durch
die Streitkräfte des Warschauer Vertrages weiterhin gefechtsmäßig zu sichern.

Diese Vorgaben hatten Gültigkeit bis zu meinem Ausscheiden aus den Grenztruppen im Jahre 1972. Präzisierungen
für die Aufgabenstellung der Grenztruppen hat es sicher gegeben, sind mir aber im Detail nicht bekannt. Dazu gehörte
u. a. der im Jahre 1984 begonnene Abbau der Minensiche-
rungen, wohl auch um den Forderungen der Schlussakte von
Helsinki gerecht zu werden. Ende der Sechziger Jahre wurde

mit der Umformierung und Schaffung einer einheitlichen Struktur der Führungsorgane der GT begonnen.

Die Grenzbrigaden an der Staatsgrenze zur BRD wurden bis zum 28.2.1971 aufgelöst und die Grenzregimenter an die Stäbe der Grenzkommandos NORD und SÜD übergeben.

Die Berliner Grenztruppen wurden im April 1961 von der Stadtkommandantur durch das Kommando der Grenztruppen übernommen. In diesem Zusammenhang ergab sich die Notwendigkeit, einige Grenzregimente aufzulösen und die Verbleibenden neu zu dislozieren.

Zu den aufzulösenden Regimentern gehörte auch mein Grenzregiment. Daraus ergab sich meine Versetzung zum neu geschaffenen Kommandostab NORD (Kalbe/ Milde). Ich wurde dort im operativen Dienstbereich (Diensthabenden-System) eingesetzt, in dem ich dann bis zu meinem Ausscheiden aus den Grenztruppen im Jahre 1972 verblieb. Im Rückblick auf meine mehr als 20-jährige Dienstzeit in der Deutschen Grenzpolizei/ Grenztruppe ergibt sich für mich die befriedigende Schlussfolgerung, einen bescheidenen Anteil zur Gestaltung einer neuen Gesellschaftsordnung mitgetragen zu haben. Nach Ablauf meiner 25-jährigen Dienstzeit hätte ich mich 1972 in den Reservestand versetzen lassen können. Eine Tätigkeit als Kaderleiter in einem volkseigenen Dresdner Betrieb war mir in Aussicht gestellt worden. Dieses Angebot habe ich jedoch nicht angenommen, da ich mich im Ergebnis einer mit mir geführten Aussprache bereit erklärte, noch weiterhin in der NVA auf Wehrbereichsebene tätig zu sein.

Es erfolgte meine Versetzung in ein Wehrkreiskommando im Bezirk Magdeburg, wo ich als Stellvertreter des Leiters tätig wurde. Meine Dienstpflichten erstreckten sich auf die

Sicherstellung von Mobilmachungsmaßnahmen im Verteidigungsfall auf Kreisebene, in der Vorbereitung und Durchführung der Musterung der zur Einberufung stehenden Geburtenjahrgänge sowie in der Betreuung von Offiziersbewerbern der NVA, die sich freiwillig dazu verpflichtet hatten. Diesen Anforderungen konnte ich aufgrund meiner langjährigen Erfahrungen gut gerecht werden. Die Erfüllung der Dienstpflichten aller im Wehrkreiskommando tätigen Armeeangehörigen und Zivilbeschäftigten hing im besonderen Maße von ihrer Qualifizierung und Weiterbildung ab. Dies erfolgte in spezifischen, darauf abgestimmten Schulungs- und Ausbildungsmaßnahmen.

Dazu gehörte ein in periodischen Abständen geführtes Stabstraining, das unter Mitwirkung verantwortlicher Vertreter der Kreisparteileitung, des VPkA, des MfS sowie des Rates des Kreises unter Einbeziehung der Kampfgruppenkräfte aus den Betrieben des Kreises stattfand.

Dieses Gremium fungierte unter dem Begriff „Kreiseinsatzleitung" und war für alle im Verteidigungsfall erforderlichen Maßnahmen zuständig. Den Übungsideen des Trainings lagen in der Regel Lagevarianten zu Grunde, wie sie sich im „Ernstfall" ergeben konnten. Sie bezogen sich auf Mobilmachungsmaßnahmen, Überwindung möglicher gegnerischer Handlungen wie Luftangriffe, Sabotage- und Diversionshandlungen unter Einsatz der Kampfgruppenkräfte der Betriebe des Kreises. Verbunden wurden sie mit übungsmäßiger „Einberufung" verschiedener Geburtenjahrgänge, die dann in vorgesehenen Unterbringungsräumen konzentriert und einer kurzfristigen Schulung unterworfen wurden. Am 30.11.1977 wurde ich nach fast 31-jähriger Dienstzeit im Dienstgrad eines Oberstleutnants in die Reserve versetzt. Damit ging ein bedeutender Abschnitt meines bisherigen Lebens zu Ende. Er war geprägt von Jahren angestrengter Arbeit, durchlebten Höhen und Tiefen sowie der persönlichen Überzeugung, stets auf der richtigen Seite gestanden zu haben. Diese Jahre waren aber auch von zeitweiligem persönlichen Frust durchzogen, vorallem von familiären Belastungen, da die Belange des Dienstes immer Vorrang hatten und aufgrund seiner oftmals vorhandenen Unregelmäßigkeiten und langer Dauer zu Schwierigkeiten führten. Darunter hatten besonders die Kinder zu leiden, da es für sie viele Tabus gab, die für ihre gleichaltrigen Schul- und Spielgefährten keine Gültigkeit hatten. Das betraf z. B. Fragen des Westfernsehens und -rundfunks, zum Teil der Literatur und Musik, die für Armeeangehörige zu empfangen, verboten waren. Aber auch Belange der Mode/ Frisur sowie der allgemeinen Freizeitbeschäftigungen unterlagen der Einschränkung, worüber kein völliges Einverständnis zu erreichen war. Dies alles war auch die Ursache dafür, dass es mir nicht möglich war, unsere, inzwischen erwachsen gewordenen, Söhne zum Längerdienen in der NVA zu bewegen, was ich gerne gesehen hätte. Sie versahen zwar ihren verfassungsmäßig geforderten Grundwehrdienst, mein ältester Sohn sogar bei den Grenztruppen der DDR, mehr war aber nicht zu erreichen. Eine Zeit lang war ich davon betroffen, kam aber bald darüber hinweg, da ich erfahren konnte, dass weit hochrangig eingesetzte Mitstreiter vom gleichen „Dilemma" betroffen waren, ohne dass die Armee daran zu Grunde ging. Das Beruhigende bestand darin, dass unsere Kinder einen vernünftigen Beruf erlernen konnten, der sie in die Lage versetzte, ihren Lebensstil selbst bestimmen zu können.

4. Die Jahre danach

Die Versetzung in die Reserve bedeutete noch keinen Ruhestand. Es blieben noch elf zu leistende Arbeitsjahre bis zur Erreichung des Rentenalters. Nach meinem Ausscheiden aus dem militärischen Dienst wechselte ich in den wirtschaftlichen Sektor und begann eine Tätigkeit als Arbeitsgruppenleiter im Reichsbahnausbesserungswerk (RAW) in Stendal. Dort wurde ich im Betriebsbereich Beschaffung und Absatz eingesetzt. Dies bedeutete eine völlige Umstellung des täglichen Arbeitsrhythmus. Es gelang mir aber, mich relativ schnell zu orientieren und den neuen Arbeitsbedingungen anzupassen, was jedoch nur durch die kollektive Hilfe und vorbehaltlose Unterstützung der Betriebskollegen möglich war. Im Verlaufe der neuen Tätigkeit wuchsen die Erkenntnisse, dass in der Volkswirtschaft nicht alles so verlief, wie es veröffentlicht und propagiert wurde. Die allseits „gelobte" Planerfüllung von 100 Prozent und mehr war vielerorts nicht vorhanden und illusionär. Was unser Werk betraf, wurden wir unter Schwierigkeiten den monatlichen Planforderungen gerecht, litten aber sehr unter der nicht kontinuierlichen Zuführung von Ersatzteilen und Material. Dies führte zu Konfrontationen mit den Zulieferbetrieben. Nachteilig für eine wirksame Arbeit machte sich auch das persönliche ungenügende Wissen über ökonomische Zusammenhänge der Volkswirtschaft bemerkbar, was dazu führte, dass vorhandene Widersprüche nicht erkannt wurden. Angelernte Dogmen verloren ihren Wert und erschwerten die Notwendigkeit, sich neuen Erkenntnissen zu zuwenden. Heute weiß ich, dass andere Aktivitäten erforderlich gewesen wären. Es war gewissermaßen eine „innere Sperre" vorhanden, die nicht zuließ, mit den angelernten Dogmen zu brechen und umzudenken. Im September 1989 schied ich 66-jährig aus dem Arbeitsleben aus, mit der Überzeugung, mehr als 40 Jahre, trotz mancher Irrungen und Wirrungen, an der Gestaltung einer lebenswerten Gesellschaftsordnung mitgewirkt zu haben.

Was ich bedauere, ist, dass es nach der Wende 1989 nicht möglich war, einen, am „Runden Tisch", angedachten Weg der Wiedervereinigung über eine Konförderation der beiden deutschen Staaten zu gehen. Stattdessen wurde der Weg der schnellen Wiedervereinigung, welche in Wirklichkeit eine Vereinnahmung war, beschritten. Verunsichert durch das „Geschrei" der selbsternannten Bürgerrechtler, die zum Teil durch BRD-Kräfte orientiert, bestochen und geführt wurden, ist es zur gewünschten Entwicklungsrichtung gekommen. Die Folge war Arbeitslosigkeit, Nichtgleichheit in sozialen Bereichen und die letztlich vorgenommene Ausgrenzung hunderttausender DDR-Bürger aus ihren Existenzgrundlagen.

Frustrierend wirken zehn Jahre nach der Wende die politischen Prozesse an, wie sie zur „Vergangenheitsbewältigung" gegen führende Angehörige der ehemaligen Grenztruppen der DDR durchgeführt werden. Ich beziehe mich dabei auf einen Prozess, wie er in Stendal gegen sieben Offiziere des Grenzkommandos NORD (zum Teil ehemalige Vorgesetzte von mir) Ende des Jahres 2000 in 20 Verhandlungstagen stattfand. Was letztlich erreicht wurde, war bereits am 2. Verhandlungstag klar, als sich der dem Prozess vorsitzende Richter dahingehend äußerte, dass sich die Prozessführung auf bereits höchstrichterliche Entscheidungen in anderen gleich-artigen Prozessen orientieren müsse. Die Vorverurteilung der Angeklagten war damit gegeben, was der am Ende erteilte Urteilsspruch hinsichtlich von drei Freiheitsstrafen und drei Freisprüchen (ein Angeklagter wurde aus gesundheitlichen Gründen nicht verurteilt) bestätigte. Der Begriff „Siegerjustiz" stand, wenn auch unausgesprochen, von Anfang an im Raum, zumal Fakt ist, dass mit bundesdeutschem Recht nicht über Personen gerichtet werden kann, die nach den Gesetzen der DDR, der Verfassung eines souveränen Staates, gehan-delt haben. Da diese darüber hinaus durch Richter der Bun-desrepublik Deutschland, die ihren Amtseid auf eben diese Republik geleistet haben, erfolgte, kann ein solches Verfah-ren nicht als fair anerkannt werden. Keiner der Angeklagten hat gegen die Verfassung der DDR, gegen ihre Gesetze und Dienstvorschriften verstoßen. Pflichtbewusstes Handeln kann aber keine Straftat sein.

Es bleibt die Frage nach der politischen und moralischen Ver-antwortung der Angeklagten, die ihnen angelastet wurde. Wenn aber aus der politischen eine strafrechtliche Verantwor-tung abgeleitet wird, gehören ehemals verantwortliche Poli-tiker der Bundesrepublik und der Westmächte ebenfalls auf die Anklagebank. Es hat den Anschein, dass es der bundes-deutschen Justiz sehr schwer fällt, zwischen politischer und strafrechtlicher Verantwortung zu unterscheiden, indem sie, wenn es in die politische Landschaft passt, den Bogen sehr weit spannt. Die inzwischen in den Neuen Bundesländern zahlreich geführten Prozesse dieser Art sind nur eine Seite ausgeübter, verfassungswidriger Maßnahmen der bundesdeut-schen Justizorgane. Zusätzlich wurde das Prinzip der sogenannten „Systemnähe" geschaffen, welche eine Vielzahl ehemaliger DDR-Bürger, die nichts anderes taten, als ihrer Republik zu dienen, um ihre rechtlich erworbenen Rentenansprüche bringt. Damit wird Sozialrecht in politisches Strafrecht umgewandelt und zu verfassungswidrigen Maßnahmen zur Leistung von Rentenansprüchen missbraucht. Das Ganze wird dann noch mit dem Prädikat „Rechtsstaatlichkeit" gekrönt. Es mutet wie Hohn an, wenn man vergleicht, wie nach 1945, abgesehen von wenig verurteilten Hauptkriegsverbrechern, die ohnehin durch ein internationales Tribunal verurteilt wurden, mit den anderen Nazigrößen aus Politik, Militär und Wirtschaft verfahren wurde. Sie wurden nur in geringem Umfang verurteilt und bestraft, saßen ihre Strafe nur teilweise ab, wurden danach wieder in höchsten Ämtern eingesetzt und erfreuten sich später ihrer horrenten Staatspensionen. Ein im Staatsdienst der DDR tätig gewesener Bürger wird als „systemnah" abgestempelt und mit Rentenkürzungen bestraft. Was bleibt gegen dieses politische Strafrecht, ist, sich mit verfassungsmäßig zustehenden Mitteln zur Wehr zu setzen.

5. Resumée

Fast acht Jahrzehnte sind ein langer Weg im Verlaufe eines Menschenlebens. Auf mich und meine Generation bezogen, fällt dies zusammen mit der weltweiten Ausdehnung des sozialistischen Gesellschaftssystems, die leider nicht zur Vollendung gebrachten wurde. Ich empfinde Genugtuung darüber, zu Millionen Menschen zu gehören, die ihr Dasein dieser sozialistischen Sache widmeten. In den Fünfziger Jahren befanden wir uns auf dem besten Weg zur Verwirklichung dieser Ziele bis dann mit der Propagierung des „real existierenden Sozialismus" ein zu großer Sprung vorwärts vollzogen wurde. Aus heutiger Sicht ist meiner Auffassung nach die Errichtung des Sozialismus über die Schaffung seiner Grundlagen nicht hinausgekommen. Dies ist auch nicht verwunderlich, wenn man die Zeitspanne von ca. 70 Jahren seiner Existenz mit dem mehr als hundertjährigen Bestehen aller vorangegangenen Gesellschaftsordnungen vergleicht. Was mich betrifft, habe ich mich vorbehaltlos für die Gestaltung der als richtig und notwendig betrachteten sozialistischen Idee eingesetzt. Schon weil ich mich verpflichtet fühlte, meinem Vater und meinem großem Bruder nachzueifern, die ihr Leben ebenfalls der sozialistischen Idee widmeten und ihr treu ergeben waren. Sicher, vorhandene Denk- und Handlungsfehler meinerseits sehe ich der nicht genutzten Oppositionsfähigkeit verbunden mit zu starker Parteidisziplin geschuldet. Was mich innerlich belastet und bedrückt, ist die Tatsache, teilweise unkritisch und unbedenklich Personen – nicht einer politischen Überzeugung gefolgt zu sein, die mit Heinrich Heine zu sprechen, „öffentlich Wasser predigten und heimlich Wein tranken". Dieser Umstand trug dazu bei, dass ich nach der Wende mit mehr als 40-jähriger Zugehörigkeit aus der Partei austrat. Nicht weil ich ihrer überdrüssig wurde, sondern deshalb, weil ich ihrer Führungsspitze nicht mehr vertraute und deren Forderungen keine Gefolgschaft mehr leisten konnte und wollte. Ihnen ist es letztlich „zu verdanken", dass das hohe Lied vom Sozialismus für lange Zeit verstummt bleiben wird, „er" gewissermaßen in ein „tiefes Koma" versetzt wurde. Da aber der, zur Zeit vermeintlich siegreiche Kapitalismus nicht „der Weisheit letzter Schluss ist", wird der Sozialismus wiederkommen. Er wird gewissermaßen wie „Phönix aus der Asche" auferstehen und modifiziert, mit ehrlichen, aufrechten und klugen Menschen an der Spitze, gefolgt von Millionen Mitstreitern, seinen endgültigen Siegeszug antreten. Für mich bleibt der befriedigende Schluss: „Ich bin dabei gewesen. Ja, ich bin dabei gewesen in einem mehr als 40-jährigen Kampf um ein besseres, demokratisches, sozialistisches Deutschland." Ein Vorwurf bleibt, sofern er überhaupt erhoben werden kann, nämlich das Richtige gewollt zu haben, ohne es zu Ende zu bringen. Darin liegt unsere Schuld, wofür wir heute verleumdet, verdammt, ja bestraft, werden. Es gibt aber keinen Grund, sich ducken zu müssen oder gar der politischen Grundüberzeugung abzuschwören. Dies käme einem Verrat an allen Opfern, die in diesen Zusammenhang gebracht wurden, gleich.

So gesehen kann *mein* Tun und Handeln in der Vergangenheit, trotz mancher Fehler, Irrtümer und Unterlassungen nicht falsch gewesen sein.

7. In Memorian

„Wir waren Soldaten der Arbeitermacht
und wir standen an den Grenzen des Landes.
Wir von den Feldern und wir aus dem Schacht,
zogen als Grenzer auf Wacht.
Denn zu jeder Stunde schützten wir die Republik,
unsere Republik.
Denn zu jeder Stunde schützten wir das Vaterland vor Krieg."